新能源汽车整车控制技术

组　　编　北京百通科信机械设备有限公司
主　　编　龚文资　李志军
副 主 编　徐　东　丁　鹏　金传琦
参　　编　郭翼龙　吴　迪　王仕雄　朱　凯　杨正荣
　　　　　马志凯　艾　亮
主　　审　程玉光

机 械 工 业 出 版 社

本书是新能源汽车技术专业"岗课赛证"综合育人系列教材。它以新能源汽车整车控制技术为主线，主要内容包括整车控制系统、车载网络控制系统、能量供给控制系统、高级驾驶辅助系统（ADAS）的认知及故障检修。

本书以吉利EV450、比亚迪秦100（TB10发动机）为主要参考车型，模拟维修实际工作，根据原车电路图及维修手册，对实车进行实测，过程详尽，数据准确，图片清晰，全面满足教师教学与学生学习需求。

本书可作为职业院校新能源汽车类专业的教学用书，也可作为新能源汽车装调与测试职业技能等级证书考证用书，还可作为企业技术培训资料和汽车从业人员的参考用书。

为方便教学，本书配有电子课件、电子教案等资源。凡选用本书作为授课教材的教师均可登录www.cmpedu.com，以教师身份注册后下载，或来电咨询，咨询电话：010-88379201。

图书在版编目（CIP）数据

新能源汽车整车控制技术/龚文资，李志军主编. —北京：机械工业出版社，2024.4（2025.1重印）

ISBN 978-7-111-75613-2

Ⅰ．①新… Ⅱ．①龚… ②李… Ⅲ．①新能源–汽车–控制系统 Ⅳ．①U469.7

中国国家版本馆CIP数据核字（2024）第075769号

机械工业出版社（北京市百万庄大街22号　邮政编码100037）
策划编辑：师　哲　　　　　　　　　　责任编辑：师　哲
责任校对：龚思文　丁梦卓　闫　焱　　封面设计：张　静
责任印制：单爱军
保定市中画美凯印刷有限公司印刷
2025年1月第1版第2次印刷
210mm×285mm·13.5印张·360千字
标准书号：ISBN 978-7-111-75613-2
定价：55.00元

电话服务　　　　　　　　　网络服务
客服电话：010-88361066　　机　工　官　网：www.cmpbook.com
　　　　　010-88379833　　机　工　官　博：weibo.com/cmp1952
　　　　　010-68326294　　金　书　网：www.golden-book.com
封底无防伪标均为盗版　　机工教育服务网：www.cmpedu.com

前言 PREFACE

近年来，新能源汽车发展迅猛，国家政策支持力度不断增大。《新能源汽车产业发展规划（2021—2035年）》明确指出，到2035年，纯电动汽车成为新销售车辆的主流，公共领域用车全面电动化，燃料电池汽车实现商业化应用，高度自动驾驶汽车实现规模化应用，充换电服务网络便捷高效，氢燃料供给体系建设稳步推进，有效促进节能减排水平和社会运行效率的提升。

随着汽车电子技术的飞速发展，新能源汽车上的电器设备日趋复杂且功能高度集成，新能源汽车整车控制技术是车辆控制的核心技术之一。本书坚持思政育人、文化育人、专业育人、实践育人四位一体的教学理念，将思政教育融入课堂教学，把实际维修案例导入典型工作任务，注重对使用者专业知识、动手能力和职业素养的综合培养。本书以新能源汽车技术专业国家教学标准为依据，借助"互联网+"及信息技术，使内容呈现立体化、可视化、数字化。

本书共有4个学习项目、9个学习情境、18个任务，主要包括整车控制系统、车载网络控制系统、能量供给控制系统、高级驾驶辅助系统（ADAS）的认知及故障检修。每个任务按照学习目标、任务描述、获取信息、任务实施、任务评价进行教学闭环设计。通过学习，学生可系统理解新能源汽车整车控制原理，掌握新能源汽车整车控制系统的结构及故障检修方法，初步掌握高级驾驶辅助系统（ADAS）的功能、结构及装配调整方法。

本书由龚文资（无锡商业职业技术学院）、李志军（无锡职业技术学院）任主编，由徐东（无锡商业职业技术学院）、丁鹏（无锡职业技术学院）、金传琦（江苏省无锡交通高等职业技术学校）任副主编，程玉光任主审，参加编写的还有郭翼龙、吴迪、王仕雄、朱凯、杨正荣、马志凯、艾亮。在编写本书的过程中，得到了北京百通科信机械设备有限公司的大力支持，在此表示感谢。

由于编者的水平有限，书中难免存在不妥之处，恳请广大读者批评指正。

编　者

二维码索引

名称	图形	页码	名称	图形	页码
更换吉利 EV450 整车控制器		10	车辆 VCU-CAN 总线的检测		78
更换吉利 EV450 中央集控器		21	吉利 EV450 PEU-CAN 总线的检测		79
车辆数据的采集与分析		33	吉利 EV450 车载充电机 CAN 总线的检测		81
整车控制系统的故障诊断与排除		41	吉利 EV450 BMS-CAN 总线的检测		82
高压互锁信号波形读取（PWM）		51	车辆 TCU-CAN 总线的检测		83
吉利 EV450 CAN 总线波形检测		70	吉利 EV450 自动空调 LIN 总线的检测		89
吉利 EV450 OBD 接口 CAN 总线的电阻检测		73	吉利 EV450 无法上高压电故障诊断与排除		109
吉利 EV450 BCM-CAN 总线的检测		75	比亚迪秦 100 发动机控制系统的故障诊断与排除		142
吉利 EV450 自动空调模块 CAN 总线的检测		77	车道保持辅助系统微课		190

目 录 CONTENTS

前言

二维码索引

项目一　整车控制系统的认知及故障检修

学习情境一　整车控制系统的认知与更换···2

　　任务一　整车控制器的认知与更换···2
　　任务二　中央集控器的认知与更换···15

学习情境二　整车控制系统的故障检修···28

　　任务一　车辆数据的采集与分析···28
　　任务二　整车控制系统的故障诊断与排除··37

项目二　车载网络控制系统的认知及故障检修

学习情境一　车载网络控制系统的认知···46

　　任务一　车载网络技术基础的认知···46
　　任务二　常用车载网络控制系统的认知···55

学习情境二　车载网络控制系统的故障检修······································68

　　任务一　车载网络 CAN 总线的故障检修··68

任务二　车载网络 LIN 总线的故障检修⋯⋯⋯⋯⋯⋯⋯⋯⋯⋯⋯⋯⋯⋯⋯⋯⋯⋯⋯⋯⋯⋯⋯⋯87

项目三　能量供给控制系统的认知及故障检修

学习情境一　高压上电系统的认知及故障检修⋯⋯⋯⋯⋯⋯⋯⋯⋯⋯⋯⋯⋯⋯⋯⋯⋯⋯⋯96

任务一　典型高压系统的认知⋯⋯⋯⋯⋯⋯⋯⋯⋯⋯⋯⋯⋯⋯⋯⋯⋯⋯⋯⋯⋯⋯⋯⋯⋯96
任务二　高压无法上电故障的检修⋯⋯⋯⋯⋯⋯⋯⋯⋯⋯⋯⋯⋯⋯⋯⋯⋯⋯⋯⋯⋯⋯103

学习情境二　混合动力汽车发动机控制系统的认知及故障检修⋯⋯⋯⋯⋯⋯⋯⋯⋯⋯⋯115

任务一　混合动力汽车发动机控制系统的认知⋯⋯⋯⋯⋯⋯⋯⋯⋯⋯⋯⋯⋯⋯⋯⋯⋯115
任务二　混合动力汽车发动机控制系统的故障检修⋯⋯⋯⋯⋯⋯⋯⋯⋯⋯⋯⋯⋯⋯⋯134

项目四　高级驾驶辅助系统（ADAS）的认知及故障检修

学习情境一　改善视野类 ADAS 的认知及故障检修⋯⋯⋯⋯⋯⋯⋯⋯⋯⋯⋯⋯⋯⋯⋯⋯152

任务一　改善视野类 ADAS 的认知⋯⋯⋯⋯⋯⋯⋯⋯⋯⋯⋯⋯⋯⋯⋯⋯⋯⋯⋯⋯⋯153
任务二　改善视野类 ADAS 的故障检修⋯⋯⋯⋯⋯⋯⋯⋯⋯⋯⋯⋯⋯⋯⋯⋯⋯⋯⋯162

学习情境二　预警类 ADAS 的认知及故障检修⋯⋯⋯⋯⋯⋯⋯⋯⋯⋯⋯⋯⋯⋯⋯⋯⋯⋯171

任务一　预警类 ADAS 的认知⋯⋯⋯⋯⋯⋯⋯⋯⋯⋯⋯⋯⋯⋯⋯⋯⋯⋯⋯⋯⋯⋯⋯171
任务二　预警类 ADAS 的故障检修⋯⋯⋯⋯⋯⋯⋯⋯⋯⋯⋯⋯⋯⋯⋯⋯⋯⋯⋯⋯⋯178

学习情境三　主动控制类 ADAS 的认知及故障检修⋯⋯⋯⋯⋯⋯⋯⋯⋯⋯⋯⋯⋯⋯⋯⋯187

任务一　主动控制类 ADAS 的认知⋯⋯⋯⋯⋯⋯⋯⋯⋯⋯⋯⋯⋯⋯⋯⋯⋯⋯⋯⋯⋯187
任务二　主动控制类 ADAS 的故障检修⋯⋯⋯⋯⋯⋯⋯⋯⋯⋯⋯⋯⋯⋯⋯⋯⋯⋯⋯197

参考文献⋯⋯⋯⋯⋯⋯⋯⋯⋯⋯⋯⋯⋯⋯⋯⋯⋯⋯⋯⋯⋯⋯⋯⋯⋯⋯⋯⋯⋯⋯⋯⋯⋯⋯⋯⋯**207**

项目一
整车控制系统的认知及故障检修

整车控制系统的认知及故障检修主要包括两个学习情境：整车控制系统的认知与更换、整车控制系统的故障检修。

项目一 整车控制系统的认知及故障检修
- 学习情境一 整车控制系统的认知与更换
  - 任务一 整车控制器的认知与更换
  - 任务二 中央集控器的认知与更换
- 学习情境二 整车控制系统的故障检修
  - 任务一 车辆数据的采集与分析
  - 任务二 整车控制系统的故障诊断与排除

学习情境一

整车控制系统的认知与更换

任务一　整车控制器的认知与更换

【学习目标】

◎ **知识目标**

1）掌握整车控制器的作用与功能。
2）掌握整车控制器的结构组成。
3）掌握整车控制器的控制逻辑与工作原理。

◎ **技能目标**

1）具有识别并找到整车控制器的安装位置的能力。
2）具有根据维修手册独立更换整车控制器的能力。

◎ **素养目标**

1）培养学生良好的安全意识。
2）培养学生良好的团队合作意识。
3）养成 7S 的工作习惯。
4）更换整车控制器要严格按照维修手册，遵循特定的上下电流程和拆解步骤，不可懈怠、随意，以防引发其他事故，要养成良好的职业素养和职业道德。

【任务描述】

某 4S 店维修顾问接待了一位客户，客户反映，自己的吉利 EV450 故障指示灯（需验证）点亮，需要进行检查修复。经试车、检查，发现：①无法 READY；②仪表显示动力系统、蓄电池充放电故障警告灯亮。送到车间进行检修，经检查为整车控制器损坏，需要更换。

【获取信息】

一、**整车控制器的作用**

整车控制器（Vehicle Control Unit，VCU）是新能源汽车的核心控制部件，主要功能是解析驾驶人的需求，监控汽车的行驶状态，协调控制单元（蓄电池管理系统、电机控制器、充电系统、行驶系统等）的工作，实现整车的上下电、驱动控制、能量回收、附件控制和故障诊断等功能。

1. 接收和判断驾驶人操作意图

采集驾驶人操作信号并进行分析、判断和处理，也就是将驾驶人的加速踏板信号和制动踏板信号根据一定的规律转化成驱动电机的转矩需求命令。当驾驶人踩下加速踏板或制动踏板时，驱动电机输出一定的驱动功率或再生制动功率。加速踏板开度越大，驱动电机的输出功率越大。因此，VCU要合理地解析驾驶人的操作，接收整车各系统的反馈信号，为驾驶人提供决策反馈，对整车各子系统发送控制指令，以实现车辆的正常行驶。采集加速踏板信号如图1-1所示。

2. 驱动控制

根据驾驶人对车辆的操纵输入（加速踏板、制动踏板以及选档开关）、车辆状态、道路及环境状况，经分析和处理，在动力蓄电池技术状态允许的前提下，向电机控制器（MCU）发出相应的指令，控制驱动电机的驱动转矩来驱动车辆，以满足驾驶人对车辆的动力性要求。

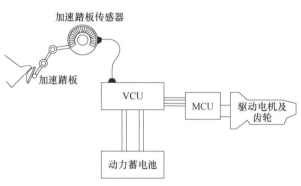

图1-1 采集加速踏板信号

3. 制动能量回收

VCU根据加速踏板和制动踏板的开度、车辆行驶状态信号以及动力蓄电池的状态信号（如SOC值）来判断某一时刻能否进行制动能量回收，在满足安全性、制动性以及驾驶人舒适性的前提下回收部分能量。

电动汽车以驱动电机作为驱动转矩的输出机构，驱动电机同样具有回馈制动的性能，此时驱动电机作为发电机，利用电动汽车的制动能量发电，同时将此能量储存在储能装置中。当满足充电条件时，将能量反充给蓄电池组。在这一过程中，VCU根据加速踏板和制动踏板的开度以及动力蓄电池的SOC值来判断某一时刻能否进行制动能量回收，如果可以进行，VCU向MCU发出指令，回收部分能量。制动能量回收系统回收车辆在制动或惯性滑行中释放出的多余能量，并通过发电机将其转化为电能，储存在动力蓄电池中，用于之后的加速行驶。能量回收系统能够节约资源和保护环境。

如图1-2所示，制动能量回收控制方式中，制动踏板提供制动信号，信号传递到VCU，VCU根据车辆运行状况及其他电控单元的状态，决定是否进行制动能量回收，并分配制动能量回收时辅助制动力矩的大小。车辆在高速滑行或下坡滑行时，具有极大的动能，许多情况下驾驶人都会通过踩下制动踏板对车辆实现机械制动，达到缩短滑行距离或限制车速的目的，但这部分动能以热量的形式被散失掉了。采用图1-2所示的控制方式，可方便地实现车辆处于滑行状态时制动能量的回收。

4. 整车能量优化管理

通过对纯电动汽车的驱动电机系统、BMS、传动系统以及其他车载能源动力系统（如空调）的协调和管理，提高整车能量利用效率，延长续驶里程。

5. 充电过程控制

VCU与BMS共同完成充电

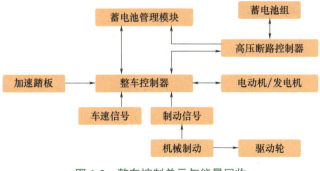

图1-2 整车控制单元与能量回收

过程中的充电功率控制。VCU 接收到充电信号后，会禁止高压系统上电，保证车辆在充电状态下处于行驶锁止状态，并根据动力蓄电池状态信号限制充电功率，以达到保护动力蓄电池的目的。连接充电枪后，车载充电机（OBC）启动充电模式并唤醒总线，VCU 被唤醒并接收到充电连接或请求充电后，需通过专用导线发送高电位信号至 MCU，MCU 接收到此信息后将启动驱动电机禁行模式，并通过 P-CAN 总线将禁行信号发送至 OBC 及 VCU，OBC 和 VCU 接收到此信号后才会启动充电模式。如果此禁行信号和禁行信号传输电路出现异常，将导致车辆无法充电，同时 OBC 将点亮充电口红色故障指示灯，提示操作者车辆存在故障，整车无法充电。充电机充电控制与监控如图 1-3 所示。

a) 充电机　　　　　　　　　b) 充电状态监控实例

图 1-3　充电机充电控制与监控

6. 高压上、下电控制

根据驾驶人对起动开关的控制指令，进行动力蓄电池的高压继电器开关控制，以完成高压设备的电源通断和预充电控制。所谓上、下电流程处理，实质就是协调各相关部件的上电与下电流程，包括 MCU、BMS 等部件的供电，预充电继电器、主继电器的吸合和断开时间等。

7. 上坡辅助功能控制

汽车在坡上起步时，驾驶人从松开制动踏板到踩下加速踏板过程中，会出现整车向后溜车的现象。在坡上行驶过程中，如果驾驶人踩加速踏板的深度不够，整车也会出现车速逐渐降到零然后向后溜车的现象。为防止纯电动汽车在坡上起步和运行时向后溜车，在纯电动汽车整车控制策略中增加了上坡辅助功能，它可以保证整车在坡上起步时，向后溜车小于 10cm，整车在坡上运行过程中如果动力不足，整车车速会慢慢降到零，然后保持零车速，不再向后溜车。

8. 电动化辅助系统管理

电动化辅助系统包括电子制动、电动助力转向等，VCU 根据动力蓄电池以及辅助蓄电池的状态对 DC/DC 变换器、电动化辅助系统进行监控。

9. 车辆状态的实时监测和显示

VCU 对车辆的状态进行实时监测，并且将各个系统的信号通过传感器和 CAN 总线发送给车载信号显示系统，将状态信号和故障诊断信号显示出来。

10. 行车控制模式

1）正常模式：按照驾驶人意愿、车载负荷、路面情况和气候环境的变化，调节车辆的动力性、经济性和舒适性。

2）跛行模式：当车辆某个系统出现中度故障时，将不采纳驾驶人的加速请求，启动跛行模式，最高车速可以限制在 9km/h。

3）停机保护模式：当车辆某个系统出现严重故障时，VCU 将停止发出指令，进入停机状态。

11. 故障诊断与处理

VCU 连续监视车辆的运行状态，根据传感器的输入及其他通过 CAN 总线通信得到的驱动电机、动力蓄电池、充电机等的信号，对各种故障进行判断、等级分类、报警显示，并按一定的等级和处理机制进行故障诊断与处理。

12. 热管理控制

VCU 对充电过程和车辆运行过程中的温度进行热管理。驱动电机转子高速旋转会产生高温，如果不加以降温，驱动电机将无法正常工作，因此驱动电机机体内设置有冷却液道，通过冷却液的循环与外界进行热交换。这样能将驱动电机的工作温度控制在一定范围内，防止驱动电机过热。MCU 不但控制驱动电机的高压三相供电，还可将动力蓄电池的高压直流电转化成低压直流电为辅助蓄电池充电。在此过程中会产生热量，需要通过冷却液循环进行散热。在车辆充电过程中，OBC 内部绝缘栅双极型晶体管（IGBT）和 MCU 内部的 IGBT 工作，产生大量的热量，如果这些热量不散发，将导致 IGBT 性能下降，严重时可能引发安全事故，因此也需要通过冷却液循环进行散热。

13. 主动放电模式

主动放电用于高压直流端电容的快速放电。主动放电指令来自 VCU 并由 MCU 内部执行。

14. 动力系统防盗控制

车辆无钥匙进入和起动功能可以使驾驶人直接拉门把手即可进入车辆，并使用一键式起动按钮起动车辆。当驾驶人拉动门把手时，无钥匙进入系统检测周围遥控器（FOB）的有效性，遥控器发出信号回应车辆，并使车身控制模块（BCM）解锁所有车门。

15. DC/DC 变换器

MCU 中的 DC/DC 变换器将高压直流端的高压电转换成指定的直流低压电（12V 低压系统），DC/DC 变换器工作模式有两种：

（1）起动开关 ON　踩制动踏板，打开起动开关。BCM 和 VCU 等接收到起动开关的信号后，自检无异常，BCM 控制 ACC、IG1、IG2 继电器闭合，整车低压上电。待高压上电完成后，VCU 通过 P-CAN 总线发送 DC/DC 变换器起动信号，MCU 接收到此信号后，启动 DC/DC 变换器，将 DC346V 高压电转换为 12V 低压电输出至用电设备及辅助蓄电池，为车辆提供源源不断的低压电源。如果起动开关打开后高压上电失败，则 DC/DC 变换器将无法转换，即低压蓄电池无法补充电能。

（2）慢充启动　连接充电枪，车载充电机检测充电连接正常后，将充电系统启动，即充电模式启动信号通过 P-CAN 发送至 VCU、MCU、BMS 等。VCU、MCU、BMS 等接收到充电模式启动信号后，如果自检无异常，BMS 控制高压上电，高压上电完成后，车辆开始充电。此时 VCU 通过 P-CAN 总线发送 DC/DC 变换器起动信号，MCU 接收到此信号后，启动 DC/DC 变换器，将 DC346V 高压电转换为 12V 低压电输出至用电设备及辅助蓄电池，为车辆提供源源不断的低压电源。如果充电功能不启动，则 DC/DC 变换器工作模式发生改变，进入断续导通模式，以减少功耗。

16. VCU 的 CAN 总线网络化管理

在整车的网络管理中，VCU 是信号控制的中心，负责信号的组织与传输、网络状态的监控、网络节点的管理、信号优先权的动态分配以及网络故障的诊断与处理等，并通过 CAN（EVBUS）总线协调 BMS、MCU、空调系统等单元间的相互通信。

17. 基于 CCP（CAN Calibration Protocol）的在线匹配标定

基于 CCP 的在线匹配标定主要作用是监控各 ECU 工作变量、在线调整各 ECU 的控制参数（包括 MAP 曲线及点参数）、保存标定数据结果以及处理离线数据等。完整的标定系统包括上位机 PC 标定程序、PCS 硬件连接及 ECU 标定驱动程序 3 部分。

18. 换档控制

档位控制关系驾驶人的安全，应正确理解驾驶人的意图，正确识别车辆的档位，在出现故障时做出相应处理，保证整车安全。在驾驶人出现档位误操作时通过仪表等提示驾驶人，使驾驶人能迅速做出纠正。

19. 远程监控

吉利 EV 系列配备远程监控功能，操作人员可以通过综合平台或企业平台便捷地获取车辆最近段周期的实时数据，对获取的数据进行相应的分析后，即可快速地对车辆故障做出初步诊断，从而极大地降低客户维修车辆所付出的时间成本。

远程监控系统装车后，第一次连接网络综合平台或企业平台时可以对其进行管理。管理内容包括：

（1）CAN 唤醒和睡眠　睡眠模式：ECU 未收到 CAN 信号，远程监控系统进入睡眠模式并保持一级低功耗。唤醒模式：ECU 收到 CAN 信号或 P-CAN 上有充电信号时远程监控系统返回到正常工作模式。

（2）GPS 定位　远程监控系统内部集成 GPS 单元，能够提供车辆当前所处的经度、纬度等定位信号。

（3）软件升级　软件升级是指用户在产品开发过程中或产品售出后可对远程监控系统软件和参数进行升级，系统需要支持本地和远程两种升级方式，在系统升级的过程中，CAN 接口要处于关闭状态。从服务端下载到设备的升级数据需要经过全球移动通信系统（GSM）通道传输。

（4）实时信号传输　远程监控系统注册成功后，会按时间周期向后台上报从 P-CAN 或 V-CAN 上接收的实时数据，内容包括单体蓄电池电压数据、动力蓄电池温度数据、整车数据（充电）、卫星定位系统数据、实时数据和报警数据及断电后 3min 内的实时信号。

二、VCU 的结构及工作原理

新能源汽车 VCU 包括微控制器、模拟量调理、开关量调理、继电器驱动、高速 CAN 总线接口、电源等模块。VCU 对新能源汽车动力链的各个环节进行管理、协调和监控，以提高整车的能量效率，确保安全性和可靠性。VCU 采集驾驶人的驾驶信号，通过 CAN 总线获得驱动电机和动力蓄电池系统的相关信息，进行分析和运算，通过 CAN 总线给出电机控制和电池管理指令，实现整车驱动控制、能量优化控制和制动能量回收控制。VCU 还具有综合仪表接口功能，可显示整车状态信息；具备完善的故障诊断和处理功能；具有整车网关及网络管理功能。VCU 实物图如图 1-4 所示。

a) VCU 内部组成　　　b) VCU 外观图

图 1-4　VCU 实物图

1. 硬件构成

VCU 硬件结构组成如图 1-5 所示。设计硬件电路时，应该充分考虑纯电动汽车的行驶环境，注重电磁兼容性，提高抗干扰能力。VCU 在软硬件上都应该具备一定的自保护能力，以防止极端情况的发生。VCU 硬件主要有以下几部分构成：

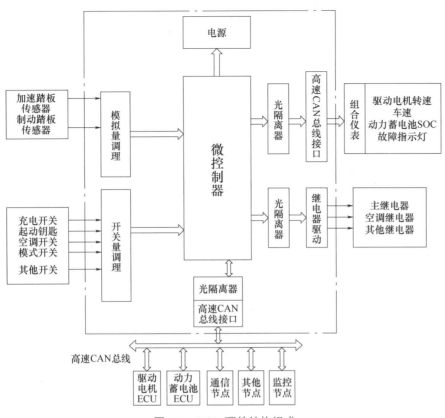

图1-5 VCU硬件结构组成

（1）微控制器模块　微控制器模块是VCU的核心。综合考虑VCU的功能及其运行的外界环境，微控制器模块应该具有高速的数据处理能力、丰富的硬件接口、低成本和可靠性高的特点。

（2）开关量调理模块　开关量调理模块用于开关输入量的电平转换和整形，其一端与多个开关量传感器相接，另一端与微控制器相接。

（3）模拟量调理模块　模拟量调理模块用于采集加速踏板和制动踏板的模拟信号，并输送给微控制器。

（4）继电器驱动模块　继电器驱动模块用于驱动多个继电器，其一端通过光隔离器与微控制器相接，另一端与多个继电器相接。

（5）高速CAN总线接口模块　高速CAN总线接口模块用于提供高速CAN总线接口，其一端通过光隔离器与微控制器相接，另一端与系统高速CAN总线相接。

（6）电源模块　电源模块为微处理器和各输入、输出模块提供隔离电源，并对蓄电池电压进行监控，与微控制器相接。

2. 软件构成

1）底层软件：主要是配置时钟、SPI、CAN、PIT、ECT、interrupt等的寄存器。
2）Boot Loader驱动：主要是CAN模块和Flash模块的配置。
3）CCP标定驱动。
4）应用程序，包括：数据采集、故障诊断、工况判断、辅机管理、通信控制。

3. VCU的工作原理

图1-6所示为吉利EV450 VCU控制原理图。它主要围绕VCU展开，通过检测电子档位信号、加速踏板信号和制动踏板信号，再通过数据总线控制驱动电机的正反转、转速和转矩，然后通过减速器输出转速和转矩，调整整车车速。从图中可以看出，整个系统主要由动力控制系统、车身电控系统两大部分组成。动力控制系统主要围绕储能［BMS、

车载充电机（OBC）]和耗能（MCU、DC/DC变换器及控制系统、PTC电加热器及控制系统、空调压缩机及控制系统）两大系统展开；车身电控系统主要围绕空调、制动、仪表、电子转向、车辆防盗、导航、座椅、天窗、安全气囊、电子稳定控制系统（SSC）、电子驻车（EPB）等系统展开。

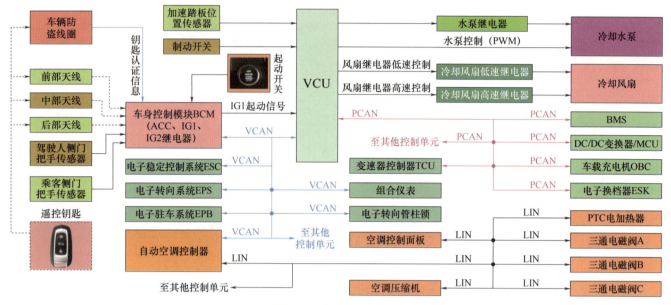

图 1-6　吉利 EV450 VCU 控制原理图

图 1-6 中 VCU 通过 +B 电源为 VCU 提供记忆电源，同时也为其提供工作电源。通过 IG 起动开关电源为 VCU 提供唤醒信号，此电源为 VCU 正常进入休眠及唤醒状态提供时间参考，同时还是 VCU 判断车辆所处运行状态的依据。VCU 通过主继电器提供功率电源，包括高压互锁、水泵、加速踏板位置传感器、冷却风扇等的控制。

当驾驶人按下起动开关时，BCM 检测车辆防盗线圈周围遥控器（FOB）的有效性，遥控器发出信号回应车辆，以解锁转向柱电子锁（ESCL）。此时，BCM 通过 V-CAN 网络系统与 VCU 进行信号认证，若所有信号有效，动力系统执行高压上电流程。如果信号错误，将导致车辆触发防盗报警系统，应急警告灯闪烁，喇叭蜂鸣，高压不上电。

加速踏板位置传感器检测加速踏板的开度，并把该信号转换成反映驾驶人对车辆操纵意图的电子信号，输送给 VCU，VCU 内部运算处理后，把此信号转换为驱动电机转速、转矩的目标电子信号，通过 CAN 总线把信号传输给 MCU，作为 MCU 控制驱动电机转速、转矩、制动能量回收的重要参考信号。

新能源汽车一般有 P 档、R 档、N 档和 D 档 4 个档位。传感器将信号输入至档位传感器。档位传感器（单元）通过 4 根信号线与 VCU 通信，传输档位信号。

在纯电动汽车整车的网络管理中，VCU 是信号控制的中心，负责信号的组织与传输、网络状态的监控与管理，信号优先权的动态分配以及网络故障的诊断与处理等功能。通过 CAN 总线协调与其他单元以及车身 V-CAN 之间相互通信。

4. VCU 的引脚定义

以吉利 EV450 为例说明 VCU 引脚定义。如图 1-7 所示为吉利 EV450 VCU 电路图 1。图中显示 VCU CA66 插接器部分线脚。其中第 1、2、26、54 引脚为接地，第 7、8 引脚为 P-CAN 总线，第 22、23 为 V-CAN 总线，第 51 引脚连接主继电器 ER05，VCU 内部控制主继电器是否搭铁，第 50、12 引脚为供电，第 52、39 引脚经熔丝 EF10，引入主继电器 ER05 的供电，第 25 引脚为反馈信号。

如图 1-8 所示为 EV450 VCU 电路图 2，该部分电路图涉及两个插接器 CA66 和 CA67。

项目一　整车控制系统的认知及故障检修

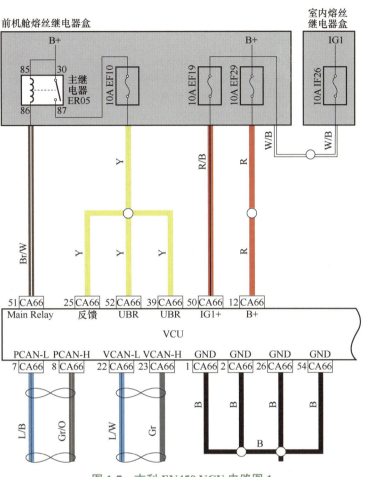

图 1-7　吉利 EV450 VCU 电路图 1

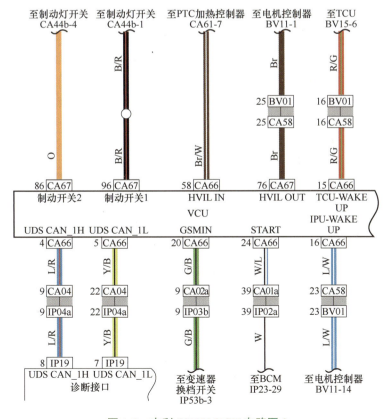

图 1-8　吉利 EV450 VCU 电路图 2

其中 CA67 显示了 3 个引脚，第 86 引脚为接受制动开关 2 的信号，第 96 引脚接受制动开关 1 的信号，第 76 引脚则为高压互锁的输出线。其余引脚则为 CA66 引脚，其中第 58 引脚为从 PTC 加热控制器引入的高压互锁输入线，第 15 引脚为 TCU 的唤醒信号线，第 4、5 引脚连接了诊断接口线，第 20 引脚为变速器换档开关的输入信号线，第 24 引脚连接 BCM 为起动信号，第 16 引脚为电机控制器的唤醒信号。以此类推，可以找出 VCU 其他引脚定义。

【学习任务单】

整车控制器的认知与更换	学习任务单	班级： 姓名：

一、选择题

1. 英文简称（　　）代表整车控制器。
   A. VCU　　　　　　B. BMS　　　　　　C. ABS　　　　　　D. OBC
2. 下列选项中，（　　）是 VCU 的功能。
   A. 采集动力蓄电池单体电压电流　　B. 控制车窗的升降
   C. 控制前照灯的闭合　　　　　　　D. 采集加速踏板信息
3. 下列哪选项中，（　　）不是 VCU 硬件组成部分。
   A. 微控制器模块　　　　　　　　　B. 模拟量调理模块
   C. 继电器控制模块　　　　　　　　D. 蓄电池模块
4. VCU 远程监控不包括（　　）。
   A. GPS 定位　　　　　　　　　　　B. 软件升级
   C. CAN 唤醒和睡眠　　　　　　　　D. 与 OBC 的通信
5. VCU 的作用有（　　）（多选）。
   A. 高压上、下电控制　　　　　　　B. 整车能量优化管理
   C. 充电过程控制　　　　　　　　　D. 行车控制

二、判断题

（　　）1. VCU 可以像继电器一样，只需要硬件而不需要软件。

（　　）2. 吉利 EV450 的驾驶人驾驶指令的采集、分析是通过 BCM 器件完成。

（　　）3. 纯电动汽车整车的网络管理中，VCU 是信号控制的中心，负责信号的组织与传输、网络状态的监控与管理，信号优先权的动态分配以及网络故障的诊断与处理等功能。

（　　）4. VCU 具备上坡辅助功能控制。

（　　）5. 在车辆控制系统中，VCU 需要与 BMS、OBC、BCM、MCU 等单元之间进行信息交互。

【任务实施】 更换吉利 EV450 VCU

扫一扫

更换吉利 EV450 整车控制器

◎ 注意事项

根据实训任务的要求，确定实践操作所需要的资料及用具，小组成员通过分工合作完成实训任务。规范上下电是新能源汽车维修的重要前提，安全措施不可疏忽大意。不规范操作是事故产生的一个重要因素，要切实认识到规范操作的重要性。提高安全意识和规范意识，养成良好的职业素养，增强职业适应能力。

项目一　整车控制系统的认知及故障检修

◎ **实训器材**

车内外三件套、人员防护套装、一体化集成工量具、吉利 EV450 原车电路图、维修手册。

◎ **作业准备**

熟悉防护套装的使用方法、熟悉工具的使用方法、熟悉吉利 EV450 维修手册的读取方法、熟悉吉利 EV450 原车电路图的识读方法。

◎ **操作步骤**

操作示意图	操作方法	操作标准
	检查场地安全、安装车轮挡块、车内三件套、打开前机舱盖、安装车外三件套，并下电	防护服、护目镜、安全手套、安全帽的检查与穿戴，绝缘工具与电阻测试仪的检查与使用
	取下辅助蓄电池负极，静置 5min	取下辅助蓄电池负极后应使用绝缘胶带包裹
	根据电路图、维修手册结合实车，找出 VCU 的位置	不同车型应按照维修手册查询该器件位置
	拆卸 VCU 的接线插头	注意接插件锁止机构与助力机构的使用，不可强行插拔

（续）

操作示意图	操作方法	操作标准
	拆卸 VCU 的固定螺栓	按照维修手册标准拆卸
	取下 VCU，更换新的 VCU	注意保护 VCU，防止机械撞击、防振、防水、防热、防过电压、防磁
	安装 VCU 的螺栓	安装后应使用扭力扳手紧固，拧紧力矩为 6~10N·m
	安装接线插头	安装完成应晃动复检
	安装辅助蓄电池负极	保持电极桩头清洁，紧固螺栓，不能松动

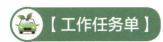

【工作任务单】

更换吉利 EV450 VCU	工作任务单	班级：
		姓名：

1. 电路图信息记录

车辆信息	
页码信息	

2. 在下图中画出 VCU 所在位置

3. 在下图中，指出 VCU 的接插件

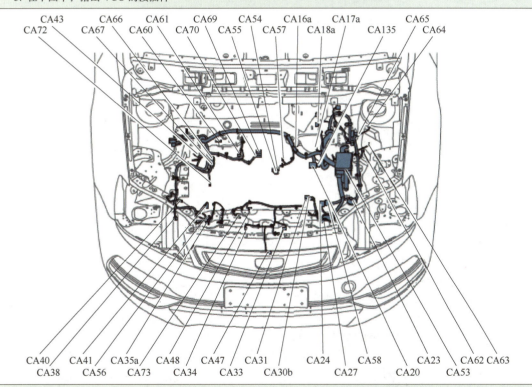

4. 识读电路图，写出中央控制器的引脚定义

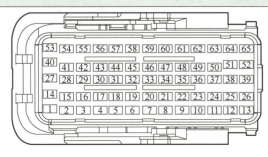

CA66 端子各引脚定义：

（续）

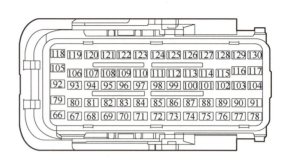

CA67 端子各引脚定义：

【任务评价】

更换吉利 EV450 VCU		实习日期：	
姓名：	班级：	学号：	教师签名：
自评：□熟练　□不熟练	互评：□熟练　□不熟练	师评：□合格　□不合格	
日期：	日期：	日期：	

更换吉利 EV450 VCU【评分细则】

序号	评分项	得分条件	分值	评分要求	自评	互评	师评
1	安全/7S/态度	□1.能进行工位 7S 操作 □2.能进行设备和工具安全检查 □3.能进行车辆安全防护操作 □4.能进行工具清洁、校准、存放操作 □5.能进行三不落地操作	15	未完成 1 项扣 3 分	□熟练 □不熟练	□熟练 □不熟练	□合格 □不合格
2	专业技能能力	□1.能准确找到 VCU 的位置 □2.能正确完成拆装 VCU 前期准备工作 □3.能规范拆卸线束插接器 □4.能正确选择合适工具，熟练完成拆解和安装	50	未完成 1 项扣 15 分，扣分不得超过 50 分	□熟练 □不熟练	□熟练 □不熟练	□合格 □不合格
3	工具及设备的使用能力	□能正确选择并熟悉使用拆卸所需通用工具	10	未完成 1 项扣 10 分	□熟练 □不熟练	□熟练 □不熟练	□合格 □不合格
4	资料、信息查询能力	□1.能正确查询线束插接器端子含义 □2.能正确使用维修手册、电路图查询资料 □3.能正确使用设备说明书查询资料 □4.能正确记录所需查询信息	10	未完成 1 项扣 3 分，扣分不得超过 10 分	□熟练 □不熟练	□熟练 □不熟练	□合格 □不合格
5	编程和设置能力	□按照维修手册流程进行编程和设置	10	未完成 1 项扣 10 分	□熟练 □不熟练	□熟练 □不熟练	□合格 □不合格
6	表单填写及报告撰写能力	□1.字迹清晰 □2.语句通顺 □3.无错别字 □4.无涂改 □5.无抄袭	5	未完成 1 项扣 1 分	□熟练 □不熟练	□熟练 □不熟练	□合格 □不合格
总分：							

任务二　中央集控器的认知与更换

【学习目标】

◎ 知识目标

1）掌握中央集控器的作用与功能。
2）掌握中央集控器的结构组成。

◎ 技能目标

1）具有识别并找到中央集控器安装位置的能力。
2）具有根据维修手册独立更换中央集控器的能力。

◎ 素养目标

1）培养学生良好的安全意识。
2）培养学生良好的团队合作意识。
3）养成 7S 的工作习惯。
4）更换中央集控器要严格按照维修手册，遵循特定的拆解步骤，不可懈怠随意，从而引发其他事故，要养成良好的职业素养和职业道德。

【任务描述】

某 4S 店维修顾问接待了一位客户，客户反映，自己的吉利 EV450 仪表盘黑屏无显示，需要进行检查修复。经试车、检查，发现为中央集控器损坏，现需要更换中央集控器。

【获取信息】

一、中央集控器的作用

中央集控器即车身控制模块（Body Control Module，BCM），能够实现控制汽车电器，比如整车灯具、刮水器、门锁、电动门窗、电动后视镜、遥控等。该系统还具有电源管理功能，如高低压保护，延时断电，系统休眠等，是汽车设计中不可或缺的重要组成部分。

图 1-9 为 BCM 功能示意图，BCM 主要用于增强汽车的安全、舒适和方便性。还用于和车外电控部件的连接，以及协调整车各部分的电子控制功能，将大量计算机、传感器与

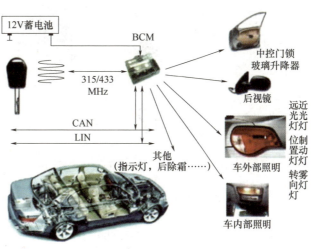

图 1-9　BCM 的功能示意图

交通管理服务系统连接在一起，构建综合显示系统、驾驶人信息系统、导航系统、计算机网络系统、状态监测与故障诊断系统等。电子设备的功能越来越多，各种功能都需要通过BCM来实现，使得BCM功能更加强大；各电子设备之间的信息共享越来越多，一个信息可同时供许多部件使用，要求BCM的数据通信功能越来越强；单一集中式BCM很难完成越来越庞大的功能，使得总线式、网络化BCM成为发展趋势。BCM的具体功能如下。

1. 车辆防盗报警系统

车辆防盗报警系统的作用是防止车辆被盗。在没有解除防盗状态下，当侦测到下列情形时，系统会发出警报。

当车处于布警状态时，一旦有外部非法动作，车身防盗报警系统会进入报警状态。报警循环为：左、右闪光灯闪烁，防盗报警喇叭鸣叫交互工作。如果系统处于静音模式，喇叭的声响将不会产生。系统静音模式和正常模式的切换可以在防盗解除状态下，同时长按解锁和上锁遥控键2s来实现。

2. 中控门锁控制

中控门锁控制功能如图1-10所示，提供以下中控门锁功能：

1）遥控钥匙闭锁/解锁。
2）驾驶人车门钥匙开锁/闭锁。
3）车内中控开关（驾驶人门上）开锁/闭锁。
4）双锁功能。
5）自动重锁。
6）行车自动落锁。
7）碰撞自动解锁。
8）熄火自动解锁（懒惰解锁）。
9）行李舱弹开（三厢）/解锁（两厢）。
10）后背门自动落锁（两厢）。
11）禁止行李舱弹开（三厢）/解锁（两厢）。
12）禁止遥控命令。
13）门锁电动机过热保护。

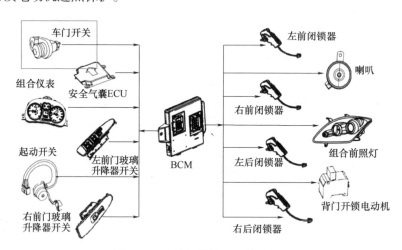

图1-10　中控门锁控制功能示意图

3. 驾驶人报警信息

当驾驶人有某些异常操作，车身控制系统向仪表发出CAN信息，仪表产生声音警告提醒驾驶人，包含以下3部分功能。

1）门未关警示。车身控制系统将通过CAN总线将四扇车门以及行李舱和前机舱盖的开闭状态通知给仪表，仪表将根据内部处理逻辑发出警示信息给驾驶人。

2）钥匙忘拔警示。BCM 在 CAN 总线上提供钥匙插入信号，以及驾驶人侧门状态信号，仪表根据这些信号会发出声音警示。

3）灯未关警示。起动开关在 OFF 档，钥匙已拔出，组合开关将前照灯或者位置灯点亮，若驾驶人侧门开着，车身控制系统将产生警报信号给仪表，仪表会发出声音警示。

4. 灯光控制

灯光控制系统包含以下功能，这些功能可通过诊断仪来激活或禁止。灯光控制功能如图 1-11 所示。

1）跟随回家灯光。
2）遥控双按闭锁寻车灯功能。
3）遥控解锁寻车灯功能。
4）自动灯光。
5）白昼灯功能。
6）转向灯。
7）内灯和节电功能。

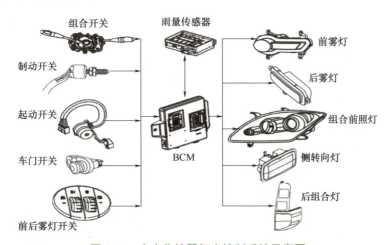

图 1-11 中央集控器灯光控制系统示意图

5. 刮水器控制

（1）前洗涤功能　如图 1-12 所示，当打开洗涤开关后，如果此时刮水器处在关闭位置，则延时 1.2s，BCM 控制刮水器低速运转 2 次，同时 BCM 发送 LIN 信号到雨量传感器，通知其当前正在洗涤状态。避免刮水器开关在自动档位时，雨量传感器发送刮水信号。

（2）前刮水功能　刮水器开关有关闭、自动、低速和高速 4 个档位。在自动档位时，雨量传感器通过 LIN 总线与车身控制器连接通信，实现雨量信号的传递。

（3）后刮水器洗涤控制（仅两厢车型）

1）倒车时自动刮刷。
2）后洗涤/刮刷。
3）后刮水器连续低速运行。
4）后刮水器间歇运行。

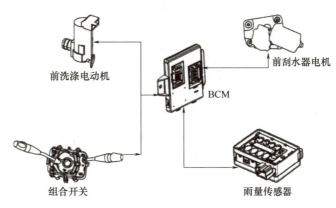

图 1-12 中央集控器控制刮水器洗涤装置

6. 加热功能

加热功能主要由后除霜与后视镜加热功能和座椅加热功能两部分组成。

7. 诊断功能

诊断命令将通过 CAN 总线来执行，可以通过诊断仪快速排除故障。

8. 总线功能

1）涉及 CAN-BUS 通信的控制模块：ABS、EMS、BCM、IP Cluster、VCU 等通信。

2）与 LIN-BUS 通信的控制模块：玻璃升降控制器（防夹模块）借助 LIN-BUS 通信功能，来实现集控开关功能。可以实现遥控关窗功能。

9. 其他功能

BCM 还与仪表盘、起动开关、制动开关、VCU、ESC 等器件有直接或间接的信号输送，比如反馈、唤醒等功能，见图 1-13 所示。

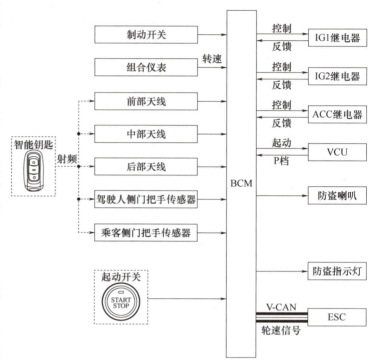

图 1-13 中央集控器部分功能

二、中央集控器的构成

与 VCU 结构相似，中央集控器包括输入信号处理电路、输出信号驱动电路、电源处理电路、唤醒电路、高速 CAN 总线、LIN 总线以及对应软件组成，如图 1-14 所示。

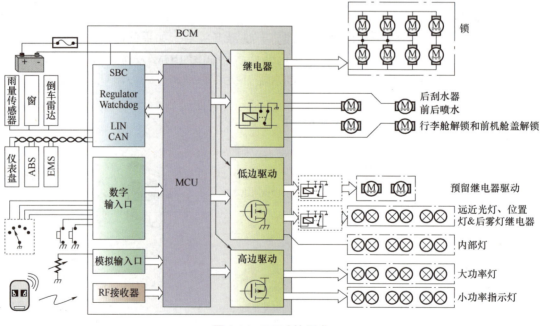

图 1-14 BCM 的组成

三、中央集控器线脚的认知

以图 1-15 为例说明 BCM 引脚定义。吉利 EV450 的 BCM 涉及 5 个线束插接器分别是 IP20a、IP21a、IP22a、IP23、IP24，在图 1-15 中显示了 4 个 BCM 插接器和其他插接器，每个插接器名称见表 1-1。

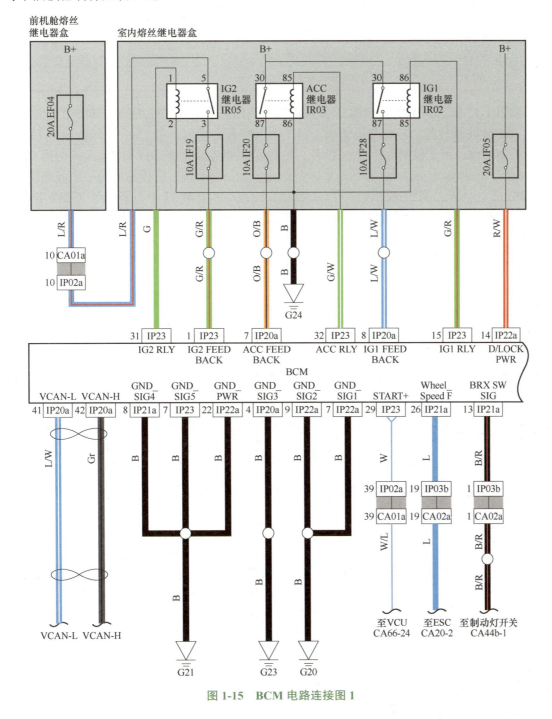

图 1-15 BCM 电路连接图 1

表 1-1 吉利 EV450 部分线束插接器

线束插接器	说明
CA01a	前机舱线束接仪表线束插接器 1
CA02a	前机舱线束接仪表线束插接器 2

(续)

线束插接器	说明
IP02a	仪表线束接前机舱线束插接器 1
IP03b	仪表线束接前机舱线束插接器 2
IP20a	车身控制模块线束插接器 1
IP21a	车身控制模块线束插接器 2
IP22a	车身控制模块线束插接器 3
IP23	车身控制模块线束插接器 4

如图 1-15 所示，IP23 插接器显示了第 1、7、15、29、31、32 引脚，其中第 1 个引脚表示 IG2 继电器的通电接收和反馈端，第 7 个引脚表示接地，第 15 个引脚表示 IG1 继电器的控制端口，用于控制 IG1 是否工作，第 29 个引脚连接至整车控制器 CA66 的第 24 引脚，它传输的是一个起动信号，第 31 个引脚表示 IG2 继电器的控制端口，用于控制 IG2 是否工作，第 32 引脚为 ACC 继电器的控制端口，用于控制 ACC 工作。IP20a 插接器在图 1-15 中涉及 5 个引脚（第 4、7、8、41、42），其中第 4 个引脚为接地端，第 7 个引脚为 ACC 继电器的通电接受和反馈端，第 8 个引脚为 IG1 继电器的通电接受和反馈端，第 41、42 个引脚为 V-CAN 总线的两根线。IP21a 线束插接器涉及 3 个引脚（第 8、13、26），其中第 8 引脚为接地，第 13 引脚连接了制动灯开关 CA44b-1 引脚，接受制动灯开关信号，第 26 引脚连接的是 ESC 的 CA20-2 引脚，为轮速传感器信号。IP22a 线束插接器本页显示了第 7、9、14、22 引脚，其中第 7、9 引脚为接地，第 14 引脚为 BCM 的一个供电端，第 22 引脚为接地。

如图 1-16 所示为 BCM 电路图涉及 IP23、IP24 两个插接器，本图中显示 IP23 第 8、9、18、19、20、21、22、23 引脚，其中第 8、9 两个引脚为一键起停开关信号，它为高电平信号，通过起停开关拉为低电平。第

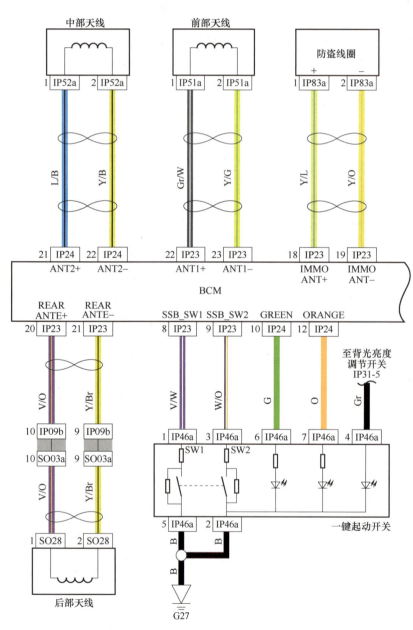

图 1-16　BCM 电路连接图 2

22、23 引脚连接了前部天线，第 20、21 引脚连接了后部天线，第 18、19 引脚连接了防盗线圈。IP24 线束插接器涉及 4 个引脚（第 10、12、21、22），其中第 10 引脚为一键起停绿色背灯的控制线，第 12 引脚为一键起停橙色背灯的控制线，第 21、22 引脚连接了中部天线。

【学习任务单】

中央集控器的认知与更换	学习任务单	班级：
		姓名：

一、选择题

1. 英文简称（　　）代表中央集控器。
   A. VCU　　　　　B. ESP　　　　　C. BCM　　　　　D. OBC
2. 下列选项中，（　　）是中央集控器的功能。
   A. 采集动力蓄电池单体电压电流　　　B. 控制车窗的升降
   C. 采集驱动电机的转速　　　　　　　D. 采集加速踏板信息
3. 下列选项中，（　　）不是中央集控器硬件组成部分。
   A. 微控制器模块　　　　　　　　　　B. 模拟量调理模块
   C. 继电器控制模块　　　　　　　　　D. 整车控制器
4. 中央集控器的功能包括（　　）（多选）。
   A. 刮水器的控制　　　　　　　　　　B. 灯光的控制
   C. 中控门锁的控制　　　　　　　　　D. 空调的控制
5. 中央集控器硬件组成有（　　）（多选）。
   A. 输入信号处理电路　　　　　　　　B. 输出信号处理电路
   C. LIN 总线电路　　　　　　　　　　D. CAN 总线电路

二、判断题

（　　）1. 中央集控器也叫车身控制模块，能够实现对车身电器的控制。
（　　）2. 汽车 BCM 在汽车静态无输出状况下应进入睡眠状态，以减少功耗。
（　　）3. 汽车 BCM 内部用电电压只有一种，即 12V 直流电压。
（　　）4. 中央集控器不能实现驾驶人报警信息。
（　　）5. BCM 可以实现远程的升级与监控。

【任务实施】更换吉利 EV450 中央集控器

◎ **注意事项**

BCM 本体插接器较多，安装部位隐秘，操作空间狭小，在更换中央集控器时不仅需要一定的实操能力，更需要敬业、精益、专注的工匠精神。工匠精神是社会文明进步的重要尺度、是中国制造前行的精神源泉、是企业竞争发展的品牌资本、是员工个人成长的道德指引。我们需要将工匠精神和专业实践知识结合起来，才能播种发芽，最后成就自己。

◎ **实训器材**

车内外三件套、人员防护套装、一体化集成工量具、吉利 EV450 原车电路图、维修手册。

扫一扫

更换吉利 EV450 中央集控器

◎ **作业准备**

　　熟悉防护套装的使用方法、熟悉工具的使用方法、熟悉吉利 EV450 维修手册的读取方法、熟悉吉利 EV450 原车电路图的识读方法。

◎ **操作步骤**

操作示意图	操作方法	操作标准
	检查场地安全、安装车轮挡块、车内三件套、打开前机舱盖、安装车外三件套，并下电	防护服、护目镜、安全手套、安全帽的检查与穿戴，绝缘工具与电阻测试仪的检查与使用
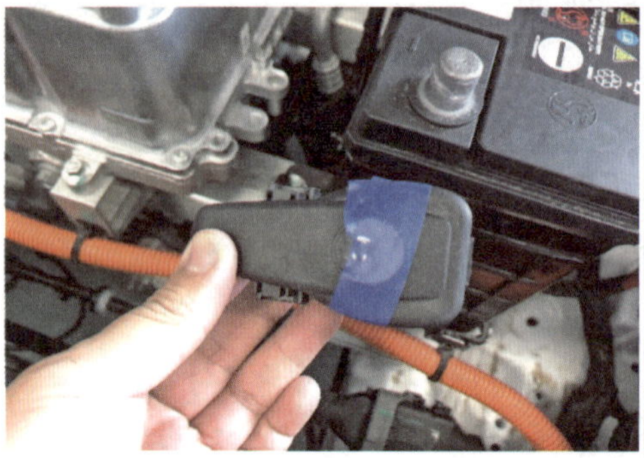	取下辅助蓄电池负极	取下辅助蓄电池负极后应用绝缘胶带包裹
	拆卸仪表板左侧下护板	拆卸时若使用一字螺丝刀，应包裹绝缘胶带保护
	拆卸中央集控器 5 个线束插头	注意插接器锁止机构与助力机构的使用，不可强行插拔

（续）

操作示意图	操作方法	操作标准
	拆卸中央集控器的固定螺栓	按照维修手册标准拆卸
	取下中央集控器，更换新的中央集控器	注意保护控制器，防机械撞击、防振、防水、防热、防过电压、防磁
	安装控制器的螺栓	安装后应使用扭力扳手紧固，拧紧力矩为 6~10N·m
	安装线束插头	安装完成应晃动复检
	安装仪表左侧下护板	保持清洁、安装到位

（续）

操作示意图	操作方法	操作标准
	连接辅助蓄电池负极	保持电极桩头清洁，紧固螺栓，不能松动

【工作任务单】

更换吉利EV450中央集控器	工作任务单	班级：
		姓名：

1. 记录电路图信息

车辆信息	
页码信息	

2. 在下图中写出各代码所代表器件名称

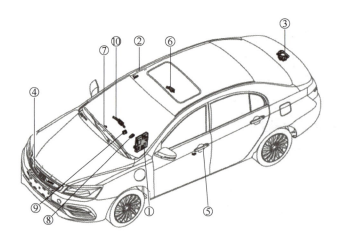

① _____
② _____
③ _____
④ _____
⑤ _____
⑥ _____
⑦ _____
⑧ _____
⑨ _____
⑩ _____

(续)

3. 结合电路图,写出中央集控器线束插接器①端子定义,并在实车中找出对应引脚

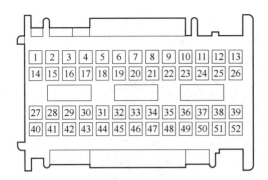

4. 写出下列中央集控器线束插接器②端子定义,并在实车中找出对应引脚

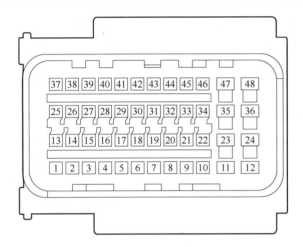

5. 写出中央集控器线束插接器③端子定义,并在实车中找出对应引脚

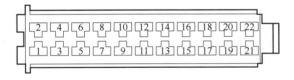

6. 写出中央集控器线束插接器④、⑤端子定义,并在实车中找出对应引脚

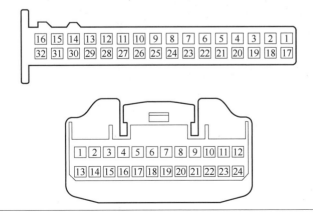

(续)

7. 根据上述线束插接器接线端子，在 BCM 实物上找出对应端子

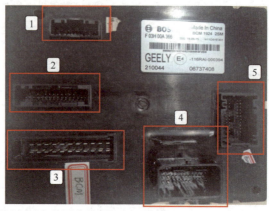

写出序号 1、2、3、4、5 分别对应电路图中哪个端子：

8. 写出中央集控器上配电盒的各项功能，并在实车中找出对应位置

① 写出配电盒各项功能，并填写空格。

IF01：	IF24：
IF02：	IF25：
IF03：	IF26：
IF04：	IF27：
IF05：	IF28：
IF06：	IF29：
IF07：	IF34：
IF08：	IF35：
IF09：	IF36：
IF10：	IR02：
IF11：	IR03：
IF13：	IR04：
IF18：	IR05：
IF19：	
IF20：	
IF21：	
IF22：	
IF23：	

② 找出实车中对应位置，并描述缺少 IF01 熔丝会产生什么现象。

26

【任务评价】

更换吉利EV450中央集控器		实习日期：	
姓名：	班级：	学号：	教师签名：
自评：☐熟练 ☐不熟练	互评：☐熟练 ☐不熟练	师评：☐合格 ☐不合格	
日期：	日期：	日期：	

更换吉利EV450中央集控器【评分细则】

序号	评分项	得分条件	分值	评分要求	自评	互评	师评
1	安全/7S/态度	☐1. 能进行工位7S操作 ☐2. 能进行设备和工具的安全检查 ☐3. 能进行车辆安全防护操作 ☐4. 能进行工具清洁、校准、存放操作 ☐5. 能进行三不落地操作	15	未完成1项扣3分	☐熟练 ☐不熟练	☐熟练 ☐不熟练	☐合格 ☐不合格
2	专业技能能力	☐1. 能准确找到中央集控器的位置 ☐2. 能正确完成拆装中央集控器前期准备工作 ☐3. 能熟练完成仪表盖板的拆卸工作 ☐4. 能规范地拆卸线束插接器 ☐5. 能正确地选择合适工具，熟练完成拆解和安装	50	未完成1项扣10分	☐熟练 ☐不熟练	☐熟练 ☐不熟练	☐合格 ☐不合格
3	工具及设备的使用能力	☐能正确选择并熟悉使用拆卸所需通用工具	10	未完成1项扣10分	☐熟练 ☐不熟练	☐熟练 ☐不熟练	☐合格 ☐不合格
4	资料、信息查询能力	☐1. 能正确查询线束插接器端子含义 ☐2. 能正确使用维修手册、电路图查询资料 ☐3. 能正确使用设备说明书查询资料 ☐4. 能正确记录所需查询信息	10	未完成1项扣3分，扣分不得超过10分	☐熟练 ☐不熟练	☐熟练 ☐不熟练	☐合格 ☐不合格
5	编程和设置能力	☐按照维修手册流程进行编程和设置	10	未完成1项扣10分	☐熟练 ☐不熟练	☐熟练 ☐不熟练	☐合格 ☐不合格
6	表单填写及报告撰写能力	☐1. 字迹清晰 ☐2. 语句通顺 ☐3. 无错别字 ☐4. 无涂改 ☐5. 无抄袭	5	未完成1项扣1分	☐熟练 ☐不熟练	☐熟练 ☐不熟练	☐合格 ☐不合格
总分：							

学习情境二

整车控制系统的故障检修

整车控制系统的故障检修是新能源汽车故障检测与维修的核心内容,主要包括诊断、检测设备的功能与使用,车辆参数的记录,车辆数据采集与分析以及故障诊断与排除。

任务一 车辆数据的采集与分析

【学习目标】

◎ 知识目标

1)掌握汽车万用表的结构与功能。
2)掌握示波器的基本原理与功能。
3)掌握汽车故障诊断仪的功用。
4)掌握车辆控制系统的诊断原理与方法。

◎ 技能目标

1)具有熟练使用汽车万用表各项功能检测各参数的能力。
2)具有熟练使用汽车示波器检测波形的能力。
3)具有熟练使用汽车故障诊断仪检测故障码、数据流的能力。
4)具有车辆控制系统故障诊断的能力。

◎ 素养目标

1)培养学生良好的安全意识。
2)培养学生良好的团队合作意识。
3)养成 7S 的工作习惯。
4)车辆故障诊断要遵循一定的方法和思路,结合自身特点,形成良好的排故习惯,养成良好的职业素养。

【任务描述】

一辆吉利 EV450 汽车,出现 READY 灯不亮,高压无法上电,动力系统故障警告灯、

项目一 整车控制系统的认知及故障检修

动力蓄电池故障警告灯、蓄电池充电故障警告灯均点亮的故障现象。接车后试车,连接故障检测仪,全车自动扫描,19 个可以通信的控制模块中只有 7 个可以正常通信。对比发现 VCU、BMS、OBC、PEU 等重要动力系统控制模块均无法通信,初步怀疑网络故障。现需要对车辆网络数据进行采集和分析。

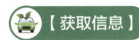【获取信息】

1. 汽车万用表的功能与使用

万用表是一种多功能、多量程的便携式电子电工仪表,一般的万用表可以测量直流电流、直流电压、交流电压和电阻等。有些万用表还可测量电容、电感、功率、晶体管共射极直流放大系数等。所以万用表是新能源汽车维修行业必备仪表之一。正确使用万用表,不仅能快速地判断出故障部位,还能防止电器设备和万用表本身的损坏。

(1)测量电阻 首先连接表笔,红色表笔插入 VΩ 档,黑色表笔插在 COM 端。

旋转万用表档位,测量电阻要使用电阻档,并根据需要确定合适的量程。如果不能预估电阻值,可以从大往小逐渐调整到合适量程。测量时表笔连接电阻器的两段,表笔没有正负之分,但一定要确保接触良好,如图 1-17 所示。

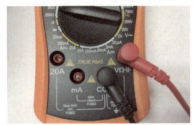
a) 连接表笔

b) 测量方法

图 1-17 万用表测量电阻

(2)测量电压 测量电压时要选择好量程,如果事先不清楚被测电压的大小,应先选择最高量程档,然后逐渐减小到合适的量程。

① 直流电压的测量。如图 1-18a 所示,首先将黑色表笔插进 COM 端,红色表笔插进 VΩ 档,红、黑色表笔连接被测元件的正负极进行测量,如果在数值左边出现"–",则表示表笔极性与实际电源极性相反。

②交流电压的测量。如图 1-18b 所示,表笔插孔与测量直流电压时一样,不过应该将旋钮打到交流档。交流电压无正负之分,测量方法跟前面相同。无论测交流还是直流电压,都要注意人身安全,不要随便用手触摸表笔的金属部分。

a) 万用表测量直流电压

b) 万用表测量交流电压

图 1-18 万用表测量电压

(3)测量直流电流 如图 1-19 所示,测量直流电流时,将万用表置于合适的直流电流档,测量时必须先断开电路,然后按照电流从"+"到"–"的方向,将万用表串联到被

29

测电路中，即电流从红色表笔流入，从黑色表笔流出。直流电流还可用钳形表进行测量，测量方法更简单、方便。

（4）测量二极管　如图 1-20 所示，将数字万用表的档位拨至检测二极管档位，红色表笔、黑色表笔分别连接到二极管的两支引脚上，此时如果万用表上显示压降 0.568V，说明万用表的红色表笔接的是二极管的正极，黑色表笔接的是二极管的负极。此时如果检测的数值为 0，说明二极管 PN 结短路，如果测量的值为 OL，说明此二极管的 PN 结开路，此管已损坏。保持档位不变，调换表笔再次测量整流二极管的反向导通电压，此时数字万用表上显示应该为 OL。

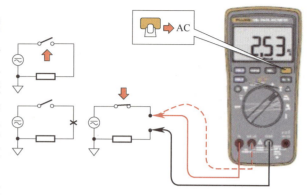

图 1-19　万用表测量直流电流

（5）测量晶体管　使用数字万用表的"二极管档"进行测量，红色表笔相当于电池的正极，黑色表笔相当于电池的负极。晶体管分为 NPN 型和 PNP 型，它们的内部结构是不一样的。但是 B 极跟 C、E 极之间都存在一个 PN 结，当表笔给 PN 结加上正向电压时是能够导通的。如果是 NPN 型晶体管，B 极接红色表笔，C、E 两极接黑色表笔时，PN 结正向导通，万用表会显示导通电压。硅材料的晶体管 PN 结导通电压一般是 0.7V 左右。如果是 PNP 型晶体管，B 极接黑色表笔，C、E 两极接红色表笔时，PN 结正向导通，万用表会显示导通电压，如图 1-21 所示。

图 1-20　万用表测量二极管

图 1-21　万用表测量晶体管

测量时可以先假设其中一个极是基极，然后将其中一支表笔固定在假设的基极上，另一支表笔分别接触其余两个引脚，若万用表有电压显示，就可以确定该引脚为基极。基极找出之后，就可以找出集电极和发射极，并确定晶体管的型号。

2. 汽车示波器的功能与使用

示波器是一种用途十分广泛的电子测量仪器。它能把肉眼看不见的电信号变换成看得见的图像，便于人们研究各种电现象的变化过程。示波器利用狭窄的、由高速电子组成的电子束，打在涂有荧光物质的屏面上，就可产生细小的光点（这是传统的模拟示波器的工作原理）。在被测信号的作用下，电子束就好像一支笔的笔尖，可以在屏面上描绘出被测信号的瞬时值的变化曲线。利用示波器能观察各种不同信号幅度随时间变化的波形曲线，还可以用它测试各种不同的电量，如电压、电流、频率、相位差、幅值等。功能如下：

1）广泛的电子测量仪器。

2）测量电信号的波形（电压与时间关系）。

3）测量幅度、周期、频率和相位等参数。

4）配合传感器，测量一切可以转化为电压的参量。

5）测量电压。利用示波器所做的任何测量，都是归结为对电压的测量。示波器可以测量各种波形的电压幅度，既可以测量直流电压和正弦电压，又可以测量脉冲或非正弦电压的幅度。更有用的是它可以测量一个脉冲电压波形各部分的电压幅值，如上冲量或顶部下降量等。这是其他任何电压测量仪器都不能比拟的。

6）测量时间。可以用荧光屏的水平刻度来测量波形的时间参数，如周期性信号的重复周期、脉冲信号的宽度、时间间隔、上升时间（前沿）和下降时间（后沿）、两个信号的时间差等。

7）测量相位。利用示波器测量两个正弦电压之间的相位差具有实用意义，用计数器可以测量频率和时间，但不能直接测量正弦电压之间的相位关系。利用示波器测量相位的方法很多。下面以测量 CAN 总线波形为例说明示波器的使用方法，如图 1-22 所示。

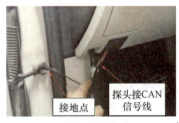
a) 连接示波器探头

b) 调节波形

图 1-22　示波器测量 CAN 信号

在示波器屏幕周边的控制按钮可以调节图形的显示比例，显示的横轴和纵轴刻度都能够调节，这样就可以对信号在时间和幅度两个维度进行缩放查看；还有可以调节"触发"的旋钮，帮助稳定波形的显示。

3. 汽车故障诊断仪的功能与使用

汽车故障诊断仪（又称汽车解码器）是车辆故障自检终端，用户可以利用它迅速地读取汽车电控系统中的故障，并通过液晶显示屏显示故障信息，迅速查明发生故障的部位及原因。

汽车故障诊断仪分通用型和专用型。专用型就是一般 4S 店内使用的，针对某一特定厂家开发的诊断仪，例如通用的 TECH-2、福特的 WDS 都是美国 SPX 公司开发的，大众的是西门子开发的 5051/5052。通用型诊断仪的特点是可测试的车型较多，但它与专用诊断仪相比，无法完成某些特殊功能。

汽车故障诊断仪是维修中非常重要的工具，一般具有如下几项或全部的功能：①读取故障码；②清除故障码；③读取部件动态数据流；④示波功能；⑤元件动作测试；⑥匹配、设定和编码等功能；⑦英汉辞典、计算器及其他辅助功能。故障诊断仪大都随机带有使用手册，按照说明操作即可。

故障诊断仪的使用步骤如下。

1）将故障诊断仪连接到诊断接口，如图 1-23 所示，然后再接通电源。

2）仪器的额定电压为 12V，检测时蓄电池的电压应在 11~14V 之间。

3）关闭汽车上所有的附属电器设备（如空调、前照灯、音响等）。

4）接通电源，仪器屏幕会闪烁。若程序未运行或出现乱码现象可拔下仪器的数据线并重新连接，即可继续操作。

5）测试插头和诊断插座应接触良好，以保证信号传输不会中断。

6）读取与清除故障码。有的故障诊断仪对故障码有比较详细的说明，比如是历史性故障码还是当前的故障码，以及故障码出现的次数。如果是历史性故障码就表示故障较早之前出现过，现在不出现了，但在控制单元 ECU 里面有一定的记忆存储。而当前故障码则表示是最近出现

图 1-23　故障诊断仪诊断接口

的故障，当前故障码绝大部分和目前出现的系统故障有很大关系。另外要注意对故障码的定义说明，是传感器或执行器自身故障（信号不正常等）还是电路故障。

7）测试结束后，应先切断电源，关闭起动开关，再拆下故障诊断仪和数据线。

【学习任务单】

车辆数据的采集与分析	学习任务单	班级：
		姓名：

一、选择题

1. 用万用表测量 EV450 辅助蓄电池电压在（　　）左右为正常。

A. 6V　　　　　　B. 12V　　　　　　C. 24V　　　　　　D. 36V

2. 用万用表测量 CAN-H 和 CAN-L 之间的电阻一般为（　　）。

A. 120Ω　　　　　　　　　　　　B. 240Ω

C. 60Ω　　　　　　　　　　　　　D. 30Ω

3. 用示波器采集整车控制器 CAN 总线波形图，下列哪项是正确的波形。（　　）

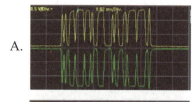

A.

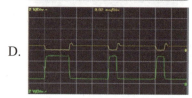

B.

C.

D.

4. 可以使用汽车故障诊断仪采集车辆哪些信息。（　　）（多选）

A. 故障码　　　　　　　　　　　B. 数据流

C. 传感器和执行器的动态参数　　D. 机械故障

项目一 整车控制系统的认知及故障检修

(续)

5. 下列哪些项目是故障诊断仪的功能。（　　）（多选）
A. 动作元件测试　　　　　　　　B. 系统匹配
C. 电脑编码　　　　　　　　　　D. 打印输出

二、判断题

（　　）1. 使用万用表可以采集车辆的电压和电阻信息。

（　　）2. CAN 总线的终端电阻为 120Ω，故用万用表测量 CAN-H 和 CAN-L 之间的电阻为 120Ω。

（　　）3. 可以使用万用表测量 CAN 总线的电压，初步判断 CAN 总线是否正常。

（　　）4. 用万用表测量 CAN-H 的正常电压约为 2.8V。

（　　）5. 用万用表测量 CAN-L 的正常电压约为 2.2V。

【任务实施】 车辆数据的采集与分析

扫一扫

车辆数据的采集与分析

◎ 注意事项

使用万用表测量 CAN 总线数据信息，根据实训任务的要求，确定实践操作所需要的资料及用具，小组成员通过分工合作完成实训任务。预先查找维修手册，确定所测参数的标准数值，将所测数值与标准数据进行对比和分析，判断汽车是否存在故障。测量过程注意安全与防护。安全措施不可疏忽大意，切实认识到规范操作的重要性，提高安全意识和规范意识，养成良好的职业素养，增强职业适应能力。

◎ 实训器材

车内外三件套、人员防护套装、一体化集成工量具、万用表、维修手册。

◎ 作业准备

熟悉防护套装的使用方法、熟悉工具的使用方法、熟悉吉利 EV450 维修手册的读取方法、熟悉吉利 EV450 原车电路图的识读方法。

◎ 操作步骤

操作示意图	操作方法	操作标准
	检查场地安全、安装车轮挡块、车内三件套、打开前机舱盖、安装车外三件套，并下电	防护服、护目镜、安全手套、安全帽的检查与穿戴，绝缘工具与电阻测试仪的检查与使用
	移除副驾及座椅下地毯，并找出 CAN 分配器插头	可以松下座椅螺栓

33

（续）

操作示意图	操作方法	操作标准
	使用万用表之前注意校零	万用表调至欧姆档，正负对接，稳定后记录数值
	测量 CAN-H 电压	万用表正极接线束 CAN-H 插头，负极接地（或搭铁）
	测量 CAN-L 电压	万用表正极接线束 CAN-L 插头，负极接地（或搭铁）
	测量 CAN 总线电阻之前断开辅助蓄电池负极	取下辅助蓄电池负极后应使用绝缘胶带包裹
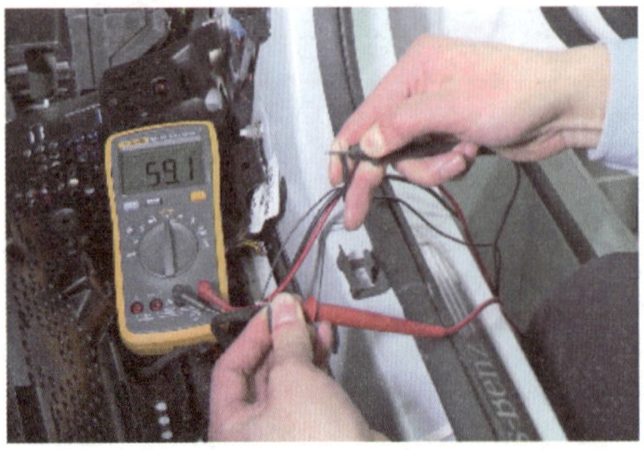	调至欧姆档，校零，测量 CAN 电阻	万用表正负极分别接至 CAN 总线 H 与 L 线之间

34

项目一　整车控制系统的认知及故障检修

（续）

操作示意图	操作方法	操作标准
	测试结束后，对比分析数据是否正常，并将拆装件反序安装	安装辅助蓄电池负极，保持电极桩头清洁，紧固螺栓，不能松动
	工具归位	保持清洁、工具摆放有序

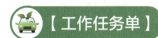【工作任务单】

车辆数据的采集与分析	工作任务单	班级：
		姓名：

1. 记录电路图信息

车辆信息	
页码信息	

2. 使用万用表采集 CAN 总线数据信息，在下列表格中写出测量步骤和测量数值

（1）测量 CAN-H 端电压

（2）测量 CAN-L 端电压

（3）测量 CAN 终端电阻

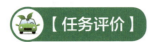

【任务评价】

车辆数据的采集与分析		实习日期：	
姓名：	班级：	学号：	教师签名：
自评：□熟练 □不熟练	互评：□熟练 □不熟练	师评：□合格 □不合格	
日期：	日期：	日期：	

车辆数据的采集与分析【评分细则】

序号	评分项	得分条件	分值	评分要求	自评	互评	师评
1	安全/7S/态度	□1. 能进行工位7S操作 □2. 能进行设备和工具安全检查 □3. 能进行车辆安全防护操作 □4. 能进行工具清洁、校准、存放操作 □5. 能进行三不落地操作	15	未完成1项扣3分	□熟练 □不熟练	□熟练 □不熟练	□合格 □不合格
2	专业技能能力	□1. 能准确找到CAN分配器的位置 □2. 能正确完成拆装前期准备工作 □3. 能熟练完成座椅及地毯的拆卸工作 □4. 能规范拆卸线束插接器 □5. 能正确选择合适工具，熟练完成拆解和安装	50	未完成1项扣10分	□熟练 □不熟练	□熟练 □不熟练	□合格 □不合格
3	工具及设备的使用能力	□能正确选择和熟悉使用拆卸与测量所需工具设备	10	未完成1项扣10分	□熟练 □不熟练	□熟练 □不熟练	□合格 □不合格
4	资料、信息查询能力	□1. 能正确查询线束插接器端子含义 □2. 能正确使用维修手册、电路图查询资料 □3. 能正确使用设备说明书查询资料 □4. 能正确记录所需查询信息	10	未完成1项扣3分，扣分不得超过10分	□熟练 □不熟练	□熟练 □不熟练	□合格 □不合格
5	数据采集和分析能力	□1. 能够读取正确的数据 □2. 分析数据是否正确，并找出原因	10	未完成1项扣5分	□熟练 □不熟练	□熟练 □不熟练	□合格 □不合格
6	表单填写及报告撰写能力	□1. 字迹清晰 □2. 语句通顺 □3. 无错别字 □4. 无涂改 □5. 无抄袭	5	未完成1项扣1分	□熟练 □不熟练	□熟练 □不熟练	□合格 □不合格

总分：

任务二　整车控制系统的故障诊断与排除

【学习目标】

◎ 知识目标

1）掌握整车控制系统的控制时序。
2）掌握整车控制系统的正确参数。

◎ 技能目标

1）具有正确使用和选择合适工具设备进行数据采集和分析的能力。
2）具有根据数据和波形诊断和排除故障的能力。

◎ 素养目标

1）培养学生良好的安全意识。
2）培养学生良好的团队合作意识。
3）养成 7S 的工作习惯。
4）故障诊断和排除，需要养成良好的排故思路，并遵循一定的步骤，不可懈怠随意，否则会引发其他事故，要养成良好的职业素养和职业道德。

【任务描述】

某 4S 店维修顾问接待了一位客户，客户反映，吉利 EV450 无法正常行驶。1）OFF 档踩制动，制动灯不亮；2）ON 档，制动灯常亮，踩制动，可以上高压电，ESP 灯亮，但无法挂档行驶。请根据故障现象，结合电路图、维修手册，使用正确工量具判断故障点。

【获取信息】

1. 车辆参数的记录

记录车辆参数是确定车辆身份信息和选择故障诊断仪的重要手段。车辆参数一般包括：车辆识别代号、品牌、型号、驱动电机型号、驱动电机功率、最大允许总质量、动力蓄电池系统额定电压、动力蓄电池额定容量以及出厂日期等信息。一般显示在汽车铭牌上，图 1-24 为吉利 EV450 铭牌参数。

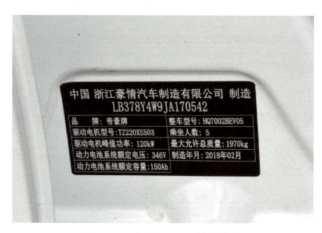

图 1-24　吉利 EV450 铭牌参数

2. 读取仪表状态和故障码

1）读取仪表状态。在汽车的仪表板上安装有各种仪表、指示灯及警告灯,用于帮助驾驶人观察和掌握汽车及各系统的工作情况,提示异常现象和故障,以便及时消除安全隐患。正确读取仪表信息特别是故障信息,能够帮助维修人员迅速正确的判断汽车故障点。图 1-25 为吉利 EV450 仪表显示状态图。

图 1-25　吉利 EV450 仪表显示状态

2）读取故障码。故障码显示如图 1-26 所示。

3）读取异常数据流。在没有踩下制动踏板的情况下,读取数据流,如图 1-27 所示。

4）踩下制动踏板,再次读取数据流,如图 1-28 所示。

| P1C3E01 ESC失效/当前码 |
| P1C3C96 TSC报故障/当前码 |

图 1-26　故障码

ESC信号提示系统向EMS要求需快速减矩到的转矩	−2032	N·m
ESC只是发动机减矩请求是否激活	未激活	
目标回馈转矩	−32640	N·m
目标回馈转矩状态	正常	
加速踏板1信号	0.8	V
加速踏板1信号	0.8	V
制动踏板1信号	未请求	
制动踏板1信号	未请求	

图 1-27　没踩制动踏板情况下读取的数据流

ESC信号提示系统向EMS要求需快速减矩到的转矩	−2032	N·m
ESC只是发动机减矩请求是否激活	未激活	
目标回馈转矩	−32640	N·m
目标回馈转矩状态	正常	
加速踏板1信号	0.8	V
加速踏板1信号	0.8	V
制动踏板1信号	请求	
制动踏板1信号	请求	

图 1-28　踩下制动踏板读取的数据流

3. 故障诊断与排除

结合电路图，分析故障产生的原因，车辆无法正常行驶涉及 3 大部件，即：电子换档器（GSM）、VCU 模块、电机控制器（PEU）模块。分析 3 个模块可能的故障原因，如图 1-29 所示。

根据车辆的故障现象：

1）OFF 档，踩制动，制动灯不亮。

2）ON 档，制动灯常亮，踩制动，可以上高压电，ESP 灯亮，无法挂档。

结合故障诊断仪的故障码及数据流：

1）VCU 报：P1C3E01、P1C3C96；

2）ESP 报：C004008 无故障码。

缩小故障范围至：

1）制动灯开关及其相关电路和 VCU 模块。找到相关电路图，如图 1-30 所示。

图 1-29 分析可能的故障原因

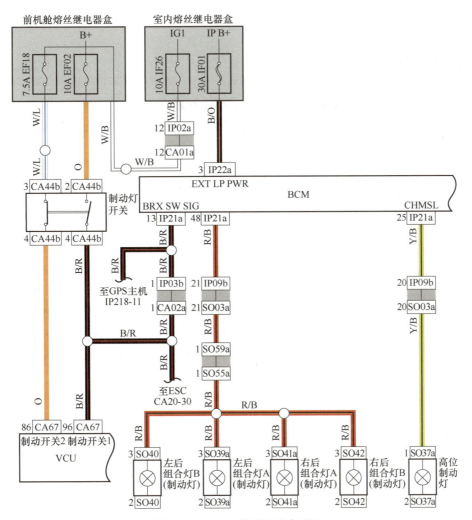

图 1-30 EV450 故障相关电路图

根据汽车故障检测先易后难、先简后繁的原则，测量 VCU 及制动开关供电是否正常，测量主电源 ER05、EF10、IG1 电源 EF19、IF26、EF18、EF02 熔丝是否正常，经检测上述熔丝无损坏，熔丝下游供电正常。

2）测量制动灯开关到 VCU 的电路是否正常，结果见表 1-2。

表 1-2　电路测量结果

检测条件	检测项目及端子	检测值	结果判断
1）OFF 档，断开辅助蓄电池负极，断开 CA66 和 CA44b	VCU 的 CA67/86- 制动灯开关的 CA44b/4 之间电阻	∞	不正常
2）OFF 档，断开辅助蓄电池负极，断开 CA66 和 CA44b	VCU 的 CA67/86- 制动灯开关的 CA44b/1 之间电阻	0Ω	不正常
3）OFF 档，断开辅助蓄电池负极，断开 CA66 和 CA44b	VCU 的 CA67/96- 制动灯开关的 CA44b/1 之间电阻	∞	不正常
4）OFF 档，断开辅助蓄电池负极，断开 CA66 和 CA44b	VCU 的 CA67/96- 制动灯开关的 CA44b/4 之间电阻	0Ω	不正常

3）排除故障。根据表 1-2 检测结果，可知故障点为：VCU 的 CA67/96 接线与 CA67/86 接线（或制动灯开关 CA44b/4-CA44b/1）对调。恢复 VCU 的 CA67/96-CA67/86 电路连接，故障消失，故障排除。

【学习任务单】

整车控制系统的故障诊断与排除	学习任务单	班级： 姓名：

一、选择题

1. EV450 整车控制电脑的供电电压是（　　　）。
A. 6V　　　　　B. 12V　　　　　C. 24V　　　　　D. 36V

2. 高压不上电有可能是（　　　）损坏导致。
A. 前照灯　　　B. VCU　　　　　C. 车窗　　　　　D. ABS

3. 低压供电不正常，产生的原因有哪些。（　　　）（多选）
A. 智能钥匙故障　B. BMS 故障　　C. 转向柱锁故障　　D. IG 电故障

4. 车辆无法 READY，可能哪个模块损坏导致。（　　　）（多选）
A. BCM　　　　B. PEU　　　　　C. VCU　　　　　D. BMS

5. 测量 VCU 模块通信故障，用万用表测的 CANH 电压应该是（　　　）。
A. 12V　　　　B. 6V　　　　　C. 2.8V　　　　　D. 2.2V

二、判断题

（　　）1. 转向柱锁故障可能导致车辆无法上低压电。

（　　）2. CAN 总线的终端电阻为 120Ω，用万用表测量 CAN-H 和 CAN-L 之间的电阻为 120Ω。

（　　）3. VCU 出现故障可能导致高压不上电。

（　　）4. 吉利 EV450 的 BCM 只有一根供电线。

（　　）5. 在进行整车排故时，应先观察故障现象，根据故障现象合理设定排故范围。

项目一 整车控制系统的认知及故障检修

 整车控制系统的故障诊断与排除

扫一扫

整车控制系统的故障诊断与排除

◎ 注意事项

整车控制系统的故障诊断与排除需要一定的排故思路与技巧，基本原则可以用24个字概括：熟悉结构、紧扣原理、观察现象、由表及里、先易后难、少拆为益。这就要求在分析结构和原理的基础上，先全面搜集了解故障的全部现象，然后在使用中从故障逐渐出现还是突然出现，维护前出现还是大修后出现等多个方面来分析，弄清在什么状况、条件下故障现象最为明显。在条件允许的情况下，还可以改变汽车工作状况以观察故障现象的各种变化，从而抓住其特征。测量过程中注意安全与防护，安全措施不可疏忽大意，切实认识到规范操作的重要性，提高安全意识和规范意识，养成良好的职业素养，增强职业适应能力。

◎ 实训器材

车内外三件套、人员防护套装、一体化集成工量具、故障诊断仪、万用表、维修手册、电路图。

◎ 作业准备

熟悉防护套装的使用方法、熟悉工具的使用方法、熟悉吉利EV450维修手册的读取方法、熟悉吉利EV450原车电路图的识读方法。

◎ 操作步骤

操作示意图	操作方法	操作标准
	检查场地安全、安装车轮挡块、车内三件套、打开前机舱盖、安装车外三件套	防护服、护目镜、安全手套、安全帽的检查与穿戴，绝缘工具与电阻测试仪的检查与使用
	车辆上电	踩下制动踏板，按下一键起动开关
	观察故障现象，记录仪表信息	仪表板、外观灯具等现象均需观察

（续）

操作示意图	操作方法	操作标准
	连接故障诊断仪、读取故障码和数据流	起动开关置于 ACC 档位
P1C7804 高速风扇使能信号对地短路/当前码 P1C0852 主继电器故障/当前码 P1C7E04 电机水泵使能信号对地短路/当前码	读取故障码	数据流也要读取
	根据故障码指向，查找电路图，故障范围：主继电器及其相关电路、VCU	此时涉及多张电路图，注意不要遗漏
	用万用表分别测量表格中电压、电阻值	检测条件：测电压时，KEY ON；测电阻时，KEY OFF
检测项目及端子 / 检测值 / 结果判断 VCU 电源熔丝 EF10 两端分别接地电压　0V　不正常 ER05/30- 接地电压　12.5V　正常 ER05/85-86 电压　12.5V　正常 ER05/85-86 通电，测 30-87 电阻　∞　不正常	记录测量数据，并分析结果	确认故障点：VCU 主继电器 ER05 触点不闭合

项目一 整车控制系统的认知及故障检修

（续）

操作示意图	操作方法	操作标准
	工具归位	保持清洁、工具摆放有序

【工作任务单】

整车控制系统的故障诊断与排除	工作任务单	班级：
		姓名：

1. 车辆信息与基本检查

填写车辆信息	VIN：
	品牌：
车辆基本检查	辅助蓄电池电压____V，□ 正常　　□ 异常
	高压部件安装及连接情况：□ 正常　　□ 异常
故障现象初步判定	

2. 故障诊断与排除

确定要解决的故障现象类别：　□ 仪表显示异常　□ 慢充不能充电　□ 高压不能供电

本故障现象进一步确认

读取与本故障相关的主要故障码	
读取与本故障相关的主要数据流	
记录万用表的相关测量数据	
分析故障范围，并绘制围绕故障点的电路简图	
故障点确认	

【任务评价】

整车控制系统的故障诊断与排除		实习日期：	
姓名：	班级：	学号：	教师签名：
自评：□熟练 □不熟练	互评：□熟练 □不熟练	师评：□合格 □不合格	
日期：	日期：	日期：	
整车控制系统的故障诊断与排除【评分细则】							

序号	评分项	得分条件	分值	评分要求	自评	互评	师评
1	安全/7S/态度	□1.能进行工位 7S 操作 □2.能进行设备和工具安全检查 □3.能进行车辆安全防护操作 □4.能进行工具清洁、校准、存放操作 □5.能进行三不落地操作	15	未完成 1 项扣 3 分	□熟练 □不熟练	□熟练 □不熟练	□合格 □不合格
2	专业技能能力	□1.能准确找到相关部件的位置 □2.能正确完成拆装前期准备工作 □3.能熟练完成相关部件的拆卸工作 □4.能规范拆卸线束插接器	50	未完成 1 项扣 15 分，扣分不得超过 50 分	□熟练 □不熟练	□熟练 □不熟练	□合格 □不合格
3	工具及设备的使用能力	□1.能正确选择和使用拆卸所需通用工具 □2.能正确选择和使用检测设备	10	未完成 1 项扣 5 分	□熟练 □不熟练	□熟练 □不熟练	□合格 □不合格
4	资料、信息查询能力	□1.能正确查询线束插接器端子含义 □2.能正确使用维修手册、电路图查询资料 □3.能正确使用设备说明书查询资料 □4.能正确记录所需查询信息	10	未完成 1 项扣 3 分，扣分不得超过 10 分	□熟练 □不熟练	□熟练 □不熟练	□合格 □不合格
5	数据判断和分析能力	□1.能判断检测电压是否正常 □2.能判断检测数据流是否正常 □3.能根据故障码和数据流初步锁定故障范围	10	未完成 1 项扣 4 分，扣分不得超过 10 分	□熟练 □不熟练	□熟练 □不熟练	□合格 □不合格
6	表单填写及报告撰写能力	□1.字迹清晰 □2.语句通顺 □3.无错别字 □4.无涂改 □5.无抄袭	5	未完成 1 项扣 1 分	□熟练 □不熟练	□熟练 □不熟练	□合格 □不合格
总分：							

项目二
车载网络控制系统的认知及故障检修

车载网络控制系统的认知及故障检修主要包括两个学习情境：车载网络控制系统的认知、车载网络控制系统的故障检修。

项目二 车载网络控制系统的认知及故障检修
- 学习情境一 车载网络控制系统的认知
  - 任务一 车载网络技术基础的认知
  - 任务二 常用车载网络控制系统的认知
- 学习情境二 车载网络控制系统的故障检修
  - 任务一 车载网络CAN总线的故障检修
  - 任务二 车载网络LIN总线的故障检修

学习情境一

车载网络控制系统的认知

近年来，愈发严格的安全、环保法规和用户日趋个性化的使用要求，促使汽车制造商更加注重通过电子技术来改进产品性能，汽车技术所取得的进步在很大程度上也得益于电子技术的飞速发展。早期汽车的传感器、控制器和执行器之间的通信采用点对点的连接方式，构成复杂的网状结构。随着汽车电控系统的日趋复杂以及对各控制单元之间通信能力要求的提高，点对点连接就需要更多的线束，导致线束布置困难、可靠性低等问题，同时给汽车设计和制造带来很大困扰。为减少车内线束，实现数据共享和快速交换，同时提高可靠性，开发出以分布式控制单元为基础构造的汽车电子网络系统。

任务一 车载网络技术基础的认知

◎ **知识目标**

1）掌握车载网络的常用术语与功能。
2）掌握数据信号的类别及传输方式。

◎ **技能目标**

1）具有正确使用万用表检测车载网络系统各参数的能力。
2）具有正确使用示波器检测车载网络系统总线波形的能力。

◎ **素养目标**

1）培养学生良好的安全意识。
2）培养学生良好的团队合作意识。
3）养成 7S 的工作习惯。
4）使用仪器测量时，须确保动作规范、安全，设备完好。

项目二 车载网络控制系统的认知及故障检修

【任务描述】

某4S店维修顾问接待了一位客户,客户反映,自己的吉利EV450汽车故障指示灯(需验证)点亮,需要进行检查修复。经试车、检查,发现故障诊断仪无法与电机控制器、VCU、TCU等系统进行通信连接,送到车间进行检修。

【获取信息】

一、车载网络的功能与常用术语

汽车上普遍使用车载网络系统进行模块之间的通信,通过"串行接口"将车内各个模块进行联网,其作用主要有:提高整个系统的可靠性;降低布线成本;减少各种电缆数量;减小电缆线束横截面;灵活布线;多重使用传感器;能够传输复杂数据;进行系统变更时更具灵活性;随时能够扩展数据范围;为客户实现新型功能;有效诊断及降低硬件成本。其主要功能包括:多路传输功能;"唤醒"和"休眠"功能;失效保护功能;故障自诊断功能。车载网络常用术语如下。

1. 时分复用技术

时分复用技术(Time-Division Multiplexing,TDM),是将不同的信号相互交织在不同的时间段内,沿着同一个信道传输。在接收端再用某种方法,将各个时间段内的信号提取出来还原成原始信号的通信技术,原理如图2-1所示。

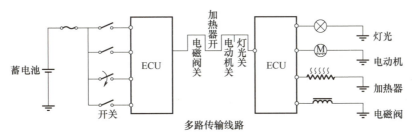

图2-1 时分复用技术原理图

2. 模块/节点

计算机多路传输系统中的一种装置,简单一点的如传感器,复杂的如计算机,称为节点。

3. 数据总线

如图2-2所示,数据总线是模块间运行数据的通道,即所谓的信息高速公路,为了抗电子干扰,双线制数据总线的两条线总是绞合在一起。

4. 局域网

局域网(Local Area Network,LAN)是在一个有限区域内连接的计算机网络,简称局域网。

5. 链路(传输媒体)

链路指网络信息传输的媒体,分为

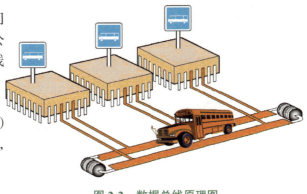

图2-2 数据总线原理图

47

有线和无线两种类型，目前车上使用的大多数都是有线网络，通常用于局域网的传输媒体有：双绞线、同轴电缆和光纤。

（1）双绞线　如图2-3所示，双绞线是局域网中最普通的传输媒体，一般用于低速传输，最大传输速率可达几Mbit/s；双绞线成本较低，传输距离较近，非常适合汽车网络，是汽车网络使用最多的传输媒体。

（2）同轴电缆　同轴电缆的基本结构如图2-4所示。像双绞线一样，同轴电缆也是由两个导体组成，但其结构不同。

（3）光纤　如图2-5所示，光纤在电磁兼容性等方面有独特的优点，数据传输速度高，传输距离远；在车载网络上，特别在一些要求传输速率高的车载网络（如车上信息与多媒体网络）上有很好的应用前景。

图2-3　各型双绞线

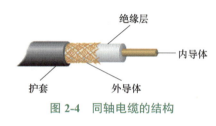

图2-4　同轴电缆的结构

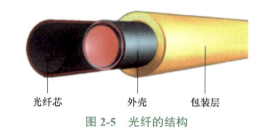

图2-5　光纤的结构

6. 报文

报文（Message）是网络中交换与传输的数据单元，即站点一次性要发送的数据块。报文是以一定格式组织起来的数据，包含了将要发送的完整的数据信息。

7. 网关

在网络中用一种方法达到信息共享和不产生协议及速度间冲突，而实现无差错数据传输的计算机，实际上就是一个中央路由器。其功能包括：把CAN数据转变成OBDⅡ能识别的诊断数据以便于诊断；做到低速CAN和高速CAN的信息共享；负责接收和发送信息；激活和监控CAN网络工作状态；实现车辆数据的同步性。

8. 传输协议

传输协议也称通信协议，是控制通信实体间有效完成信息交换的一组约定和规则。换句话说，要想交流成功，通信双方必须"说同样的语言"（比如相同的语法规则和语速等）。

9. 比特率

比特率是指每秒传送的比特（bit）数，单位为bit/s。比特率越高，单位时间传送的数据量（位数）越大。

二、数据信号的类别及传输方式

1. 数据信号的类别

（1）模拟信号　模拟显示数据（信息）是指通过直接与数据成比例的连续变化物理量进行表示。如图2-6所示，模拟信号的特点是，它可以采用0%~100%之间的任意值。因此模拟信号的变化方式是连续的，如指针式测量仪表、水银温度计、指针式时钟等。

（2）**数字信号** 数字信号表示方式就是以数字形式表示不断变化的物理量。尤其在计算机内，所有数据都以"0"和"1"的序列形式表示出来（二进制）。

如图2-7所示，一个二进制信号只能识别两种状态，即0和1，或高和低。如车灯点亮或车灯未亮；继电器触点断开或继电器触点闭合；供电或未供电；车门打开或车门关闭等。

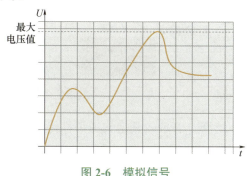

图2-6 模拟信号

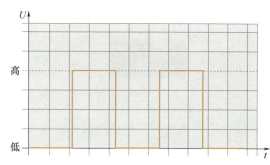

图2-7 二进制数字信号

每个符号、图片甚至声音都可由特定顺序的二进制字符来表述，如1001 0110。通过这些二进制编码，计算机或控制单元可以处理信息或将信息发送给其他控制单元。

（3）**比特和字节** 计算机中的所有信息都以位（bit，也称比特，是二进制数字中的位，是最小信息量单位）为单位进行存储和处理。因此，必须将所有数据（字母、数字、声音、图片等）转换成二进制代码，以便在计算机中进行处理。最常用的系统和代码用8个位构成一个字节，因此，可以对256个字节进行设码。

2. 数据信号的传输方式

根据发送装置向接收装置传输信息时各字节的传输方式不同，数据传输方式分为并行传输和串行传输两种形式。

（1）**并行传输** 如图2-8所示，进行并行传输时，发送装置向接收装置同时（并行）传输8位数据。以并行形式传输数据时，两个设备之间的电缆必须包括8根平行排列的导线。

采用并行传输方式时，其数据传输犹如在具有8条车道（车道相当于数据导线）的公路上行车（每辆车的载运量相当于一位数据，8辆车的载运量之和相当于一个字节），在同一时间内，可以通过8辆车。其通行效率高，但要构筑8条车道，建设成本高昂。

> **注意：**
> 换算系数不是1000，而是1024。
> 1千字节（kbit）= 2^{10} 字节，即1024字节；
> 1兆字节（Mbit）= 2^{20} 字节，即1024kbit（1048576字节）；
> 1千兆字节（Gbit）= 2^{30} 字节，即1024Mbit（1073741824字节）。

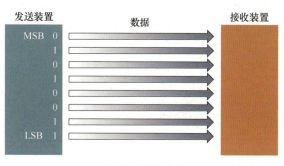

图2-8 并行传输

需要较高的传输速度时，通常使用这种传输方式。但是由于插接装置和电缆方面的成本较高，因此在传输路径较短时采用并行传输方式。

（2）**串行传输** 如图2-9所示，串行传输主要用于在数据处理设备之间进行数据通信，在一根导线上以位为单位依次（连续形式）传输所需数据。

采用串行传输方式时，其数据传输犹如在具有1条车道（车道相当于数据导线）的公路上行车（每辆车的载运量相当于一位数据），在同一时间内，只能通过1辆车。其通行效率低，但只需构筑 1 条车道，建设成本低。串行传输方式的优点是降低了布线成本，缺点是延长了数据传输时间。一个 8 位并行接口可在一个单位时间内传输一个数据字节，而一个串行接口需要 8 个单位时间才能传输一个数据字节。传输距离越长才越能体现出串行传输的优势。

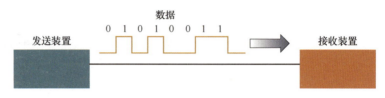

图 2-9　串行传输

数据的传输速率一般使用位传输速率（也称比特率）表示，其定义为每秒传输的数据位数（bit），单位为 bit/s。

目前汽车上并行传输方式多在控制单元内部线路中使用，而在控制单元外部传输信息则大都以串行传输方式进行。串行传输既可以采用同步传输方式，也可以采用异步传输方式。

（3）数据总线上的信息流方向

1）单工通信。如图 2-10 所示，如果在数据总线上，信息流（数据流）只能由一个控制单元传向另一个控制单元，而不能反向传输，则称为单工通信。

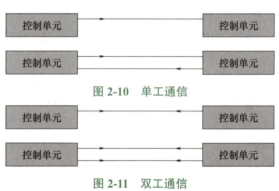

图 2-10　单工通信

2）双工通信。如图 2-11 所示，如果在数据总线上，信息流（数据流）可以由一个控制单元传向另一个控制单元，而且可以进行反向传输，则称为双工通信。

图 2-11　双工通信

【学习任务单】

车载网络技术基础的认知	学习任务单	班级： 姓名：

1. 时分复用技术是将不同的_____相互交织在不同的_____段内，沿着同一个_____传输。

2. 链路指_____传输的媒体，分为_____和_____两种类型，目前车上使用的大多数都是_____网络，通常用于局域网的传输媒体有：_____、_____和_____。

3. 报文（Message）是网络中交换与传输的_____，即站点一次性要发送的数据块。报文是以一定_____组织起来的数据，包含了将要发送的完整的数据信息。

4. 网关的功能包括：把 CAN 数据转变成_____能识别的诊断数据以便于诊断；做到低速 CAN 和高速 CAN 的_____；负责_____信息；_____CAN 网络工作状态；实现车辆数据的_____。

5. 一个二进制信号只能识别_____状态，即_____。

6. 目前汽车上_____传输方式多在控制单元内部线路中使用，而在控制单元外部传输信息则大都以_____传输方式进行。

项目二 车载网络控制系统的认知及故障检修

用示波器检测高压互锁信号波形

扫一扫

高压互锁信号波形读取（PWM）

◎ **实训器材**

吉利 EV450 实车或实训台架、示波器、原车电路图及维修手册或实训台架使用说明书。

◎ **作业准备**

熟悉示波器的使用方法。熟悉吉利 EV450 原车电路图及维修手册的识读方法。

◎ **操作步骤**

操作示意图	操作方法	操作标准
	查阅电路图，确定高压互锁回路经过的各模块	选择 PEU（电机控制器）模块 BV11/1 作为测量点
BV11 电机控制器线束插接器	比对车辆电路图，确认端子号及含义	查阅原车电路图

51

(续)

操作示意图	操作方法	操作标准
	无须断开 BV11 线束插接器，直接将跨接线探针背插至 BV11/1 号端子	查阅维修手册
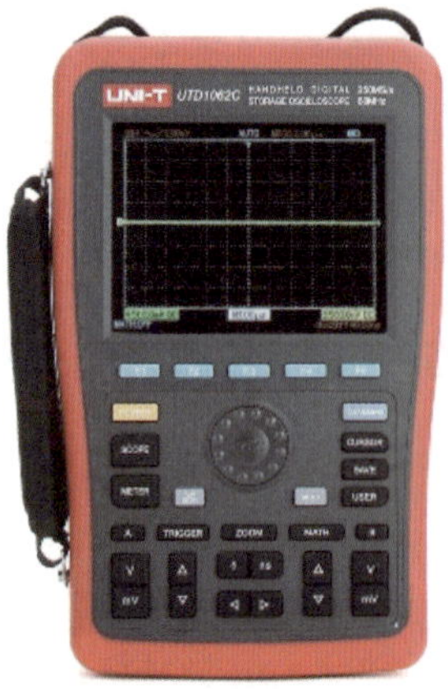	使用示波器测量高压互锁回路信号波形	查阅示波器使用说明书
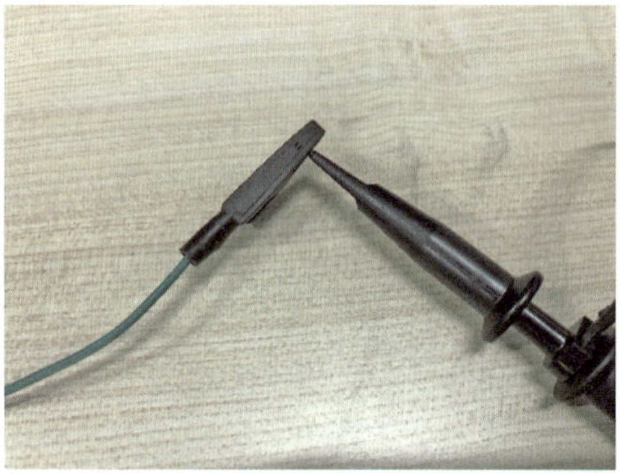	连接波形线	波形线连接应可靠
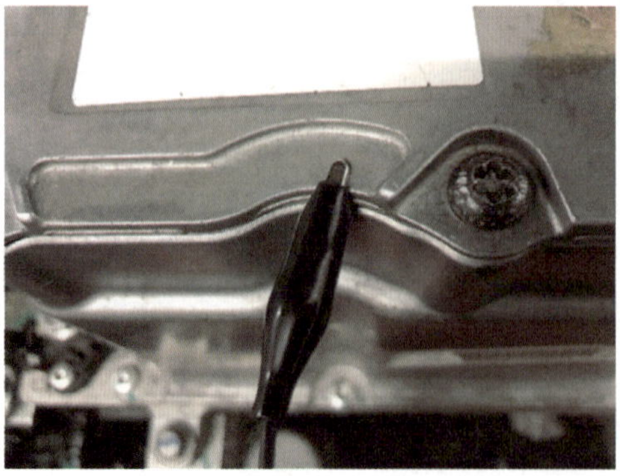	将波形线鳄鱼夹可靠接地	连接应可靠

(续)

（续）

操作示意图	操作方法	操作标准
	车辆上电	1. 踩下制动踏板 2. 按压车辆起动开关，确保车辆上电（READY 灯点亮）
	调整波形参数	1. 调整示波器至合适参数 2. 参考参数值：幅值 DC 500mV/ 格；周期 5ms
	读取波形	查阅示波器使用说明书

【工作任务单】

用示波器检测高压互锁信号波形	工作任务单	班级： 姓名：			
示波器检测					
检测准备	测量条件	测量部位	针脚号	幅值	周期
绘制检测波形					

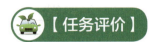【任务评价】

用示波器检测高压互锁信号波形		实习日期：	
姓名：	班级：	学号：	教师签名：
自评：□熟练 □不熟练	互评：□熟练 □不熟练	师评：□合格 □不合格	
日期：	日期：	日期：	

用示波器检测高压互锁信号波形【评分细则】								
序号	评分项	得分条件	分值	评分要求	自评	互评	师评
1	安全/7S/态度	□1. 能进行工位 7S 操作 □2. 能进行设备和工具安全检查 □3. 能进行车辆安全防护操作 □4. 能进行工具清洁、校准、存放操作 □5. 能进行三不落地操作	15	未完成1项扣3分	□熟练 □不熟练	□熟练 □不熟练	□合格 □不合格
2	专业技能能力	□1. 能正确绘制检测波形，波形图标注完整、准确 □2. 能规范拆卸线束插接器 □3. 能正确检测波形	50	未完成1项扣20分，扣分不得超过50分	□熟练 □不熟练	□熟练 □不熟练	□合格 □不合格
3	工具及设备的使用能力	□能正确使用示波器	10	未完成1项扣10分	□熟练 □不熟练	□熟练 □不熟练	□合格 □不合格
4	资料、信息查询能力	□1. 能正确查询线束插接器端子含义 □2. 能正确使用维修手册、电路图查询资料 □3. 能正确使用设备说明书查询资料 □4. 能正确记录所需查询信息	10	未完成1项扣3分，扣分不得超过10分	□熟练 □不熟练	□熟练 □不熟练	□合格 □不合格
5	数据判断和分析能力	□能判断检测波形是否正常	10	未完成1项扣10分	□熟练 □不熟练	□熟练 □不熟练	□合格 □不合格
6	表单填写及报告撰写能力	□1. 字迹清晰 □2. 语句通顺 □3. 无错别字 □4. 无涂改 □5. 无抄袭	5	未完成1项扣1分	□熟练 □不熟练	□熟练 □不熟练	□合格 □不合格
总分：							

任务二 常用车载网络控制系统的认知

◎ 知识目标

1）了解典型车型车载网络控制系统的组成和分布情况。
2）掌握常用车载网络控制系统的传输原理。

◎ 技能目标

1）具有识读典型车型车载网络控制系统电路图的能力。
2）具有根据原车电路图绘制车载网络控制系统拓扑图的能力。
3）具有根据原车电路图及维修手册准确拆装车载网络控制系统各模块并确定各引脚定义的能力。

◎ 素养目标

1）培养学生良好的安全意识。
2）培养学生良好的团队合作意识。
3）养成 7S 的工作习惯。
4）绘制车载网络系统拓扑图时，须确保各模块（节点）在网络架构中位置准确，培养学生严谨的学术态度。

【任务描述】

某 4S 店维修顾问接待了一位 EV450 客户，客户反馈仪表故障灯点亮，经维修技师检查判断为总线故障，重点检查模块及相关电路。徒弟小王应如何正确规范地进行相关检查？

【获取信息】

一、车载网络 CAN 总线的认知

现代汽车，为了完成某一功能，单纯依靠某一模块是无法完成的，他们之间必须共享或交换数据。CAN 总线通过两条 CAN 数据线完成双向信息共享。CAN 是控制器局域网（Controller Area Network）的缩写，是 ISO 国际标准化的串行通信协议。1986 年德国博世公司开发出面向汽车的 CAN 通信协议。此后，CAN 通过 ISO 11898 及 ISO 11519 进行了标准化，现在在欧洲已是汽车网络的标准协议。

由于汽车不同控制器对 CAN 总线的性能要求不同，因此最新版本的 CAN 总线系统被设定为 5 个不同的区域，分别为驱动系统、舒适系统、信息系统、多功能仪表、诊断总线，CAN 总线的最大传输速率为 1000kbit/s。

1. CAN 总线的特征

CAN 总线主要负责车辆内的数据交换，即各控制模块之间的信息共享。CAN 总线的数据传输特点主要包括：多主结构、双绞线传输、压差驱动、容错特性和高速传输等。

（1）多主结构　如图2-12所示，CAN总线采用多主结构通信。总线上各节点之间没有主从之分，任一节点都可向其他节点发送信息。当总线空闲时，所有的节点都可开始发送消息，但必须先访问总线；当多个节点同时开始发送时，由优先权决定先后。

（2）双绞线传输　如图2-13所示，CAN网络采用双绞线作为数据总线，以增加总线的抗干扰能力。两根双绞线分别命名为CAN-H和CAN-L，它们每隔25mm铰接一次。

（3）压差驱动　CAN总线采用电平差的方式识别数字信号，从而判断所传输的信息含义。图2-14所示为高速CAN总线的电压波形，CAN-H与CAN-L形成了对称的阵列布置方式。

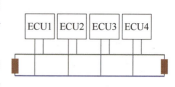

图2-12　多主结构

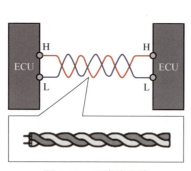

图2-13　双绞线总线

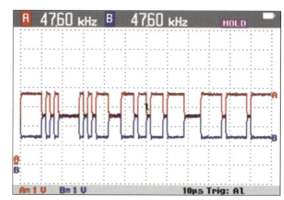

图2-14　高速CAN总线的电压波形

（4）容错特性　当CAN总线或节点出现故障时，总线依然具有一定的信号传输能力。当节点出现严重故障时，可以自动关闭输出功能，以使总线上其他节点的操作不受影响，如图2-15所示。当总线出现故障时，视严重程度而表现不一，轻则不影响信号传递，重则网络瘫痪。

2. CAN总线的硬件组成

（1）节点连接　如图2-16所示，每一个节点都通过CAN-H与CAN-L两根线分别连接在总线上，这些节点属于并联关系。

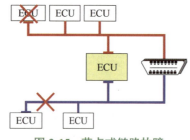

图2-15　节点或链路故障

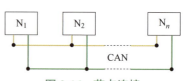

图2-16　节点连接

（2）节点结构　如图2-17所示，不管节点是否带有终端电阻，其中均包含CAN收发器、CAN控制器和中央处理器。

（3）CAN控制器和CAN收发器　CAN控制器接收控制单元中中央处理器发出的数据、处理后传输给CAN收发器，也接收CAN收发器收到的数据、处理后传输给中央处理器。CAN收发器将"0"和"1"的逻辑信号转换为规定的电平，并向CAN总线输出；也负责将接收器接收到的总线电压转换为"0"和"1"逻辑信号，并向CAN控制器反馈。

（4）终端电阻　如图2-18所示，通常在高速CAN数据总线的CAN-H和CAN-L电路两端（或节点内）以终端电阻连接，终端电阻的阻值为120Ω。其作用是消除电压信号在电路上出现回流现象，以保证总线上的数据准确性。测量终端电阻可为 CAN 总线的故障诊断提供参考。

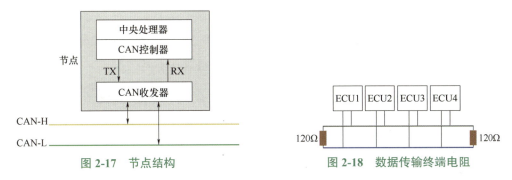

图 2-17　节点结构　　　　　　　图 2-18　数据传输终端电阻

（5）中央处理器　中央处理器是节点的核心元件，是信息处理、程序运行的最终执行单元。

3. CAN 总线数据传输原理

CAN 总线上的节点会根据工作需要访问总线，因为 CAN 总线为多主结构，所以各节点既可以发送信号、也可以接收信号。不管是发送还是接收信号，均需要通过 CAN 收发器和控制器完成。

（1）信号发送　中央处理器将需要传输的信息发送给 CAN 控制器，控制器以数字信号的形式驱动收发器电路，收发器中的驱动器向总线发出电压信号。图 2-19 为高速 CAN 总线信号发送原理图，图 2-20 及图 2-21 分别为高速 CAN 总线和低速 CAN 总线的信号波形。

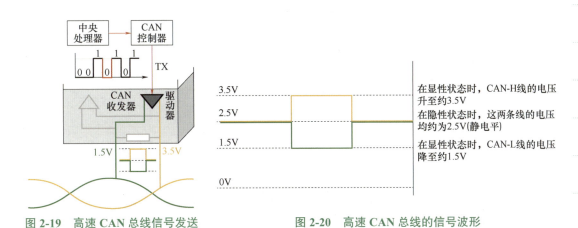

图 2-19　高速 CAN 总线信号发送　　　　图 2-20　高速 CAN 总线的信号波形

图 2-21　低速 CAN 总线的信号波形

（2）信号接收　节点从总线上采集信号时，差动放大器将 CAN-H 与 CAN-L 的电压值进行差动处理，并将结果发送给控制器。控制器依据数字信号识别原则，得到"0"或"1"的数字结果。图 2-22 与图 2-23 为高速 CAN 总线和低速 CAN 总线的信号接收原理图。高速 CAN 总线差动信号处理如图 2-24 所示。

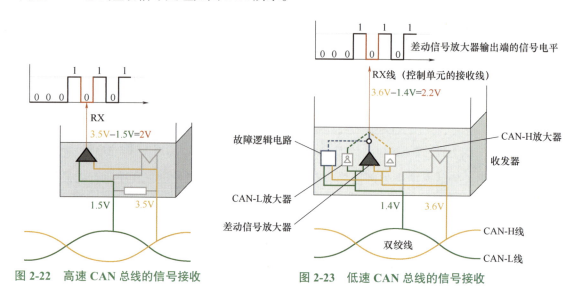

图 2-22　高速 CAN 总线的信号接收　　　　图 2-23　低速 CAN 总线的信号接收

图 2-24　高速 CAN 总线差动信号处理

如图 2-25 所示，CAN-H 信号和 CAN-L 信号经过差动信号放大器处理后，可最大限度地消除干扰影响。

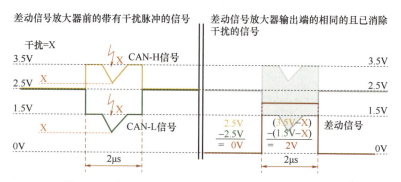

图 2-25　高速 CAN 总线差动信号放大器抗干扰处理

4. CAN 总线传输的数据

CAN 总线上传输的数据包括数据帧、远程帧、错误帧、过载帧和帧间隔 5 种。

① 数据帧：用于将数据传输到其他节点。

② 远程帧：用于从其他节点请求数据。
③ 错误帧：用于通知错误信号。
④ 过载帧：用于增加后继帧的等待时间。
⑤ 帧间隔：用于将数据帧及远程帧与前面的帧分离开来。

下面以数据帧为例阐述数据传输的过程。

数据帧由起始域、仲裁域、控制域、数据域、安全域、应答域和结束域 7 个不同的域组成，如图 2-26 所示。

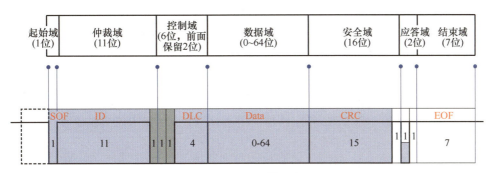

图 2-26 数据帧组成

（1）起始域　起始域表示数据帧或远程帧的起始，包含 1 个显性位。此外，它还用于确定与其他节点硬件的同步。

在 CAN 总线上，逻辑值"0"表示显性电平、"1"表示隐性电平。"显性"具有优先功能，只要有一个节点输出显性电平，总线上即为显性电平。"隐性"具有包容功能，只有所有的单元都输出隐性电平，总线上才为隐性电平。

（2）仲裁域　仲裁域包括 11 位，表示数据的优先级。显性值"0"的优先级比隐性值"1"高。仲裁域的末端是远程传输请求（RTR）位，通常为显性，如图 2-27 所示。

在总线空闲状态，最先开始发送信息的节点获得发送权。当同时有两个以上的节点需要向 CAN 总线发送信号时，依靠仲裁域决定优先级。从第一位开始进行仲裁，连续输出显性电平最多的节点可继续发送。如图 2-28 所示，节点 1 在与节点 2 的仲裁中失败，则退出发送。

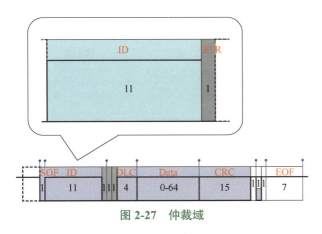

图 2-27 仲裁域

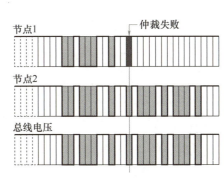

图 2-28 仲裁过程

（3）控制域　控制域表示数据段的字节数，由 6 位构成。前 2 位为保留区，以备将来应用，其为显性；后 4 位为数据长度码（DLC），包括随后的数据域中字节的数量，字节数为 0~8，如图 2-29 所示。

（4）数据域　如图 2-30 所示，数据域（DATA）包括即将传输的数据信息，最多可达 64 位（8 字节）。数据从最高位开始输出。

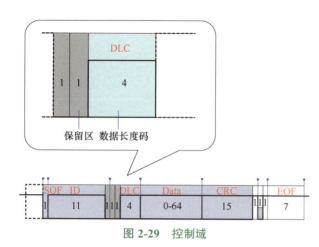

图 2-29 控制域　　　　　图 2-30 数据域

（5）安全域　如图 2-31 所示，安全域用于检查帧传输的错误，包括一个用于错误检测的 15 位 CRC 数列和一个 CRC 界定符位（用于分隔）。CAN 协议提供了 5 种错误检测和修正方法。

（6）应答域　如图 2-32 所示，应答域用来确认是否正常接收，由应答间隙和应答界定符 2 个位构成，常态下发送两个"隐性"位。当接收器正确接收到有效的数据时，就会在应答间隙期发送显性位以作应答，而应答界定符始终是"隐性"位。

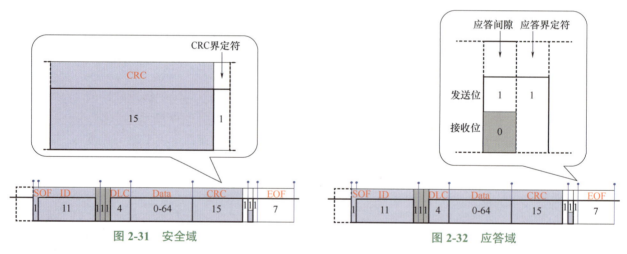

图 2-31 安全域　　　　　图 2-32 应答域

（7）结束域　如图 2-33 所示，结束域表示数据帧完成，通常包括 7 位"隐性"位。

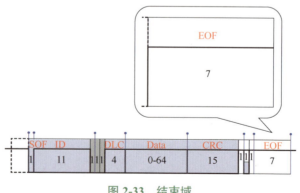

图 2-33 结束域

二、车载网络 LIN 总线的认知

LIN（Local Interconnect Network）是一种低成本的串行通信网络，用于实现汽车中的分布式电子系统控制。LIN 的目标是为现有汽车网络（例如 CAN 总线）提供辅助功能，因此，LIN 总线是一种辅助的总线网络，通常用在不需要 CAN 总线的带宽和多功能的场合，比如中央门锁、灯光控制、玻璃升降、后视镜调节、天窗控制、智能传感器和空调等的通信。使用 LIN 总线可大大节省成本，传统的控制系统多采用继电器控制，这使得车内线束过多布线复杂，而且造成严重的电磁干扰，使系统的可靠性下降。LIN 总线技术的应用，可使信息交换变得安全、迅捷、高效。

1. LIN 总线的特征

LIN 总线的特点与 CAN 总线有较大的区别，主要有：主从结构、单线传输、偏压驱动、低速通信和低容错特性等。

（1）**主从结构** 如图 2-34 所示，LIN 总线属于单主多从结构，即一组网络中，只有一个主节点，从节点可以有多个。主节点能向任一从节点发送信号；从节点仅在主节点的控制下向 LIN 总线发送数据；主节点一旦将数据发布到总线上，任何节点都可以接收该数据，但只有一个节点允许回应。

（2）**单线传输** 如图 2-35 所示，LIN 总线使用单根非屏蔽导线作为数据总线，连接主节点与任何一个从节点。总线的最长允许长度为 40m，连接在总线上的从节点数量一般不超过 16 个。

图 2-34 主从结构

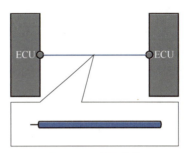

图 2-35 单线传输

（3）**偏压驱动** 如图 2-36 所示，主从节点之间以电压的高低变化表示数据信息的含义（逻辑数据"0"和"1"）。LIN 总线的电压范围为 0~12V。

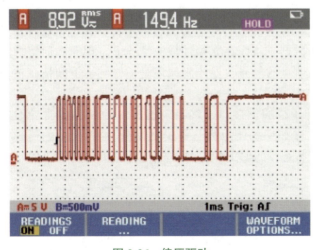

图 2-36 偏压驱动

（4）**低速通信** 如图 2-37 所示，LIN 总线的传输速率接近 20kbit/s，相对于 CAN 总线而言，属于"低速"传输。

（5）**低容错特性** 当 LIN 总线出现以下故障时，无容错能力。如：总线接地，如图 2-38 所示；总线干线断路；主节点故障。

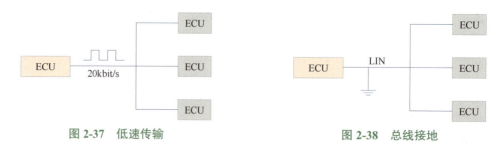

图 2-37 低速传输　　　　　　　　　　图 2-38 总线接地

如果从节点损坏或其支路断路,其他从节点与主节点的通信不受影响,图 2-39 为从节点支路断路故障。

2. LIN 总线的网络结构

(1) 节点结构　LIN 总线由一个主节点和多个(或单个)从节点组成,这些节点均通过单线连接在 LIN 总线上。主从节点具有类似的硬件结构。

(2) 节点物理接口　如图 2-40 所示,主节点与从节点的物理接口结构类似。LIN 总线通过上拉电阻与电源线(V_{BAT})连接,电源线连接外部电源。上拉电阻为 1kΩ(主节点)或 30kΩ(从节点)。与上拉电阻串联的二极管可以防止当电源电压下降时 LIN 总线消耗电能。GND 为信号发送提供接地回路。LIN 总线与接地之间的电容可以消除 LIN 信号波动,电容的大小为 2.2nF(主节点)或 220pF(从节点)。

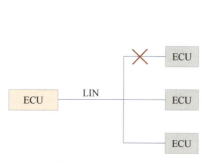 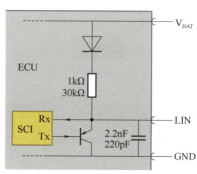

图 2-39 从节点支路断路故障　　　　　图 2-40 节点物理接口

3. LIN 总线信号传输

主节点用于控制 LIN 总线,它通过对从节点进行查询将数据发布到总线上。从节点仅在主节点命令下发送数据,从而在无须仲裁的情况下实现双向通信。因为节点物理结构类似,因此主节点和从节点的信号收发控制原理是一样的,下面站在主节点的角度说明信号的发送和接收过程。

(1) 信号发送　串行通信接口(SCI)通过 Tx 控制晶体管导通,使 V_{BAT} 与 GND 通过上拉电阻接通,此时 LIN 总线为低电平 0V,如图 2-41 所示。当 SCI 不控制晶体管导通时,晶体管处于截止状态,此时 LIN 总线为高电平,如图 2-42 所示。

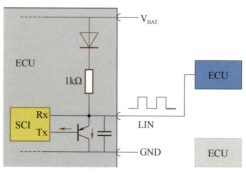 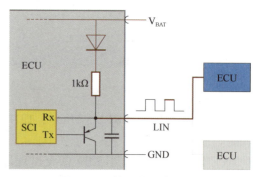

图 2-41 信号发送低电平　　　　　　　图 2-42 信号发送高电平

（2）信号接收　从节点中的 SCI 在接通与断开内部晶体管的过程中，总线上会产生高低电平的变化。主节点的 Rx 线可以接收这个高低变化的电平，从而判断其含义，如图 2-43 所示。

> **注意：**
> 如果 LIN 总线处于待用状态一定时间，从节点就会转为睡眠模式，以便降低功率消耗。

4. LIN 总线的数据结构

一个 LIN 总线的数据帧是由一个数据标题（Message Header）和一个数据响应（Message Response）组成的，如图 2-44 所示。

（1）数据标题　数据标题包括一个同步间隔区（Synch Break Field）、一个同步区（Synch Field）和一个标识符区。

如图 2-45 所示，同步间隔区由间隔和同步定界符组成，标志一个帧的开始。间隔用于唤醒处于睡眠模式中的从节点，它至少是由 13 位的显性电平组成。同步定界符至少为 1 位隐性电平。

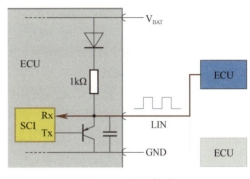

图 2-43　信号接收

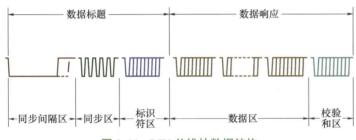

图 2-44　LIN 总线的数据结构

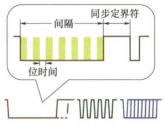

图 2-45　同步间隔区

如图 2-46 所示，同步区包含了时钟的同步信息，用于帮助从节点与主节点的时钟频率同步，以便能够正确接收所发送的信息。同步区由 1 个起始位、8 个同步位和 1 个结束位组成。

如图 2-47 所示，标识符区定义了数据的内容和长度，其内容是由 6 个标识符位（ID0~ID5）和 2 个奇偶校验位（P0、P1）组成。标识符位（ID0~ID5）定义了数据的类型、发送的目标节点和数据长度等信息。P0 和 P1 用于检验 ID0~ID5 的正确性（不能全部为隐性或显性数据）。

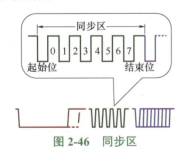

图 2-46　同步区

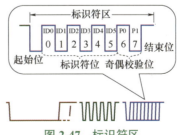

图 2-47　标识符区

（2）数据响应　数据响应由多个数据区（Data Field）和一个校验和区（Checksum Field）组成。如图 2-48 所示，数据区定义了数据的含义，如驱动指令等。每个字节由 8 位数据组成，传输由 LSB 开始。如图 2-49 所示，校验和区是数据区所有字节的和的补码，使从节点可以检查所收到的信息是否正确传送，或者在传送期间是否可能发生任何干扰而破坏了数据。如果从主节点到从节点的传送期间信息发生错误,即从节点计算的校验和不一致,从节点就会清除信息,并且等待主节点发送下一条信息。

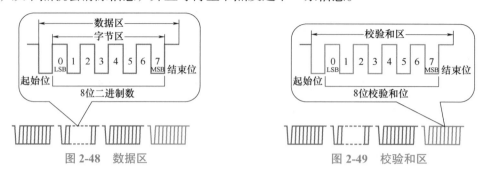

图 2-48　数据区　　　　　　　　　　　　图 2-49　校验和区

（3）数据检测　当主节点发出信号时,数据帧定义了此数据发给哪个从节点,而且只有此目标节点能对这个数据做出响应。由于没有仲裁过程,如果多于一个从节点回应,将产生错误。

5. 传输模式

一个 LIN 电控单元所使用的传输方式与 CAN 总线电控单元所使用的传输方式是相同的,都包括定时传输模式、事件传输模式和混合模式 3 种。从电控单元到执行器的传输方式,如图 2-50、图 2-51 和图 2-52 所示。

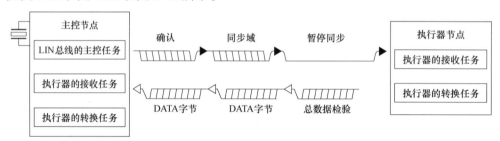

图 2-50　LIN 总线传输——DATA 数据从主控制器到执行器（单个）

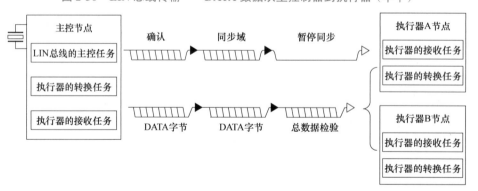

图 2-51　LIN 总线传输——DATA 数据从主控制器到执行器（多个）

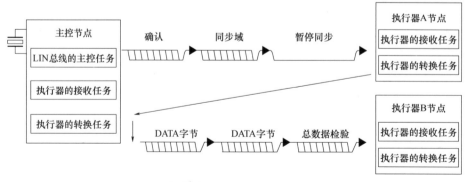

图 2-52　LIN 总线传输——DATA 数据从执行器到执行器

【视野拓展】 华为概念

华为概念兴起于2021年上海车展期间，彼时配备华为自动驾驶技术的极狐阿尔法S的HI版车型在上海进行公开试乘，这是华为自动驾驶技术全球首次公开试乘。

华为方面认为，随着智能电动汽车的发展，未来电子部件、软件、服务等会在汽车价值体系里占据越来越大的份额，其将通过聚焦ICT（信息通信技术），定位智能汽车增量零部件供应商，提供传统汽车所不具备的"增量"：包括高精地图、芯片、感知硬件（激光雷达等）、智能座舱、智能驾驶、生态服务、云等。

据悉，华为与整车企业的合作分为多种模式，其中之一是提供华为HI（Huawei Inside）全栈智能汽车解决方案，即华为提供包含智能驾驶应用软件、计算平台以及传感器在内的智能驾驶全栈解决方案。目前，华为已经与长安汽车、广汽集团、北汽蓝谷等车企进行深度合作，并打造了3个子品牌。从2021年年底起，使用华为HI（Huawei Inside）全栈智能汽车解决方案的智能汽车（以下简称华为HI产品）将陆续推出。

华为与整车企业另一种合作则是提供MDC智能驾驶计算平台，即华为提供基于昇腾SoC的硬件、自动驾驶操作系统AOS和车控操作系统VOS以及AutoSAR中间件，其余感知、执行的算法部分由合作伙伴开发。

华为与零部件企业的合作则更为多元。其智能座舱合作伙伴包括均胜电子、华阳集团、德赛西威等；智能电动领域合作伙伴包括银轮股份、富临精工等；智能驾驶领域合作伙伴包括四维图新、联创电子等。

【学习任务单】

常用车载网络控制系统的认知	学习任务单	班级： 姓名：
1. CAN总线的数据传输特点主要包括_____、_____、_____、_____和高速传输等。 2. CAN总线上所传输的数据包括_____、_____、_____、过载帧和帧间隔5种。 3. LIN总线的特点主要包括_____、_____、_____、低速通信和低容错特性。 4. 一个LIN总线的数据帧是由一个_____和一个_____组成的。		

【任务实施】 绘制吉利EV450整车总线拓扑图

◎ **实训器材**

吉利EV450原车电路图、维修手册。

◎ **作业准备**

熟悉吉利EV450原车电路图的识读方法。

◎ **操作步骤**

一、确认吉利EV450车载网络控制系统的页码位置

1）打开PDF版吉利EV450电路图。

2）用电路图左侧"书签及查找"或右侧的"查找"功能，输入关键词可快速确定页码位置。

二、识读并绘制吉利 EV450 车载网络控制系统拓扑图

根据吉利 EV450 电路图的特点及识读方法分析车载网络控制系统，并完成工作任务单相关内容。

【工作任务单】

绘制吉利 EV450 整车总线拓扑图	工作任务单	班级：
		姓名：
1. 记录电路图信息		
页码信息		
总线类型		
2. 绘制总线拓扑图		
总线 1		
总线 2		
总线 3	整车总线，含诊断接口。	

【任务评价】

绘制吉利EV450整车总线拓扑图		实习日期：	
姓名：	班级：	学号：	教师签名：
自评：□熟练 □不熟练	互评：□熟练 □不熟练	师评：□合格 □不合格	
日期：	日期：	日期：	

绘制吉利EV450整车总线拓扑图【评分细则】

序号	评分项	得分条件	分值	评分要求	自评	互评	师评
1	专业技能能力	□1. 能正确绘制总线拓扑图 □2. 能正确绘制整车总线拓扑图，模块位置准确 □3. 能正确分析总线电路图	60	未完成1项扣20分	□熟练 □不熟练	□熟练 □不熟练	□合格 □不合格
2	工具及设备的使用能力	□1. 能正确查阅电路图 □2. 能正确查阅维修手册	15	未完成1项扣10分，扣分不得超过15分	□熟练 □不熟练	□熟练 □不熟练	□合格 □不合格
3	资料、信息查询能力	□1. 能正确查询线束插接器端子含义 □2. 能正确使用维修手册、电路图查询资料 □3. 能正确记录所需查询信息	10	未完成1项扣4分，扣分不得超过10分	□熟练 □不熟练	□熟练 □不熟练	□合格 □不合格
4	数据判断和分析能力	□能分析和判断总线拓扑图是否正确	10	未完成1项扣10分	□熟练 □不熟练	□熟练 □不熟练	□合格 □不合格
5	表单填写及报告撰写能力	□1. 字迹清晰 □2. 语句通顺 □3. 无错别字 □4. 无涂改 □5. 无抄袭	5	未完成1项扣1分	□熟练 □不熟练	□熟练 □不熟练	□合格 □不合格
总分：							

学习情境二

车载网络控制系统的故障检修

车载网络系统故障的排除，应根据该系统的结构和控制回路分析。一般来说，引起汽车车载网络信息传输系统故障的原因有 3 类：电源系统故障、节点（电控模块）故障和链路（通信电路）故障。

任务一　车载网络 CAN 总线的故障检修

【学习目标】

◎ 知识目标

1）熟悉车载网络 CAN 总线的结构原理和主要应用。
2）掌握车载网络 CAN 总线的信号检测方法。

◎ 技能目标

1）具有熟练查阅使用维修手册和电路图的能力。
2）具有独立规范使用万用表检测 CAN 总线系统常用参数的能力。
3）具有独立规范使用示波器检测 CAN 总线波形的能力。
4）具有分析所测 CAN 总线参数信号和波形并准确定位故障范围的能力。

◎ 素养目标

1）培养学生良好的安全意识。
2）培养学生良好的团队合作意识。
3）养成 7S 的工作习惯。
4）规范使用工具、量具，养成严谨的学术态度。
5）拆装车载网络控制系统各模块时，须确保动作规范，模块及电路完好。

【任务描述】

某 4S 店维修顾问接待了一位吉利 EV450 客户，经维修技师检查判断为 CAN 总线故

障，重点检查各模块及总线相关电路。徒弟小王应如何正确规范地进行相关检查？

【获取信息】

一、CAN 总线常见故障分析

CAN 总线故障通常表现在仪表和车辆起动方面。如仪表上的一些故障指示灯异常点亮，发动机转速、车速异常指示，发动机不能起动或车辆不能上电等。用故障诊断仪读取故障码或查看与各个模块的通信状态时，出现局部模块或所有模块与诊断仪无法通信。

1. 局部模块与诊断仪无法通信

局部模块不能与其他模块或诊断仪通信时，可能的故障原因有：局部模块电源异常；局部模块接地异常；局部模块唤醒线异常；局部模块数据线开路；局部模块本身故障（含模块内部对电源或对地短路）。

2. 所有模块与诊断仪无法通信

所有模块都不能与诊断仪通信时，可能的故障原因有：CAN-H 线对电源短路；CAN-H 线对地短路；CAN-L 线对电源短路；CAN-L 线对地短路；CAN-H 与 CAN-L 线相互短路；两个终端电阻同时缺失；诊断仪自身故障。

> **注意：**
>
> 不同车型的 CAN 总线，其容错特性可能是不同的。

二、CAN 总线的基本检查及测量

1. 使用万用表测量总线 CAN-H 和 CAN-L 的对地电压

1）关闭起动开关后，根据维修手册，拔下需测总线的线束插头。
2）连接测量导线或测量盒。
3）检查万用表，将万用表旋至电压档合适量程。
4）查询维修手册，找到需测总线 CAN-H 和 CAN-L 的引脚号。
5）打开起动开关，用万用表检测 CAN-H 与 CAN-L 的对地电压。
6）在辅助蓄电池已连接且起动开关打开时，CAN-H 的对地电压为 2.6V 左右，CAN-L 对地电压为 2.4V 左右。

2. 使用万用表测量 CAN 总线的终端电阻及对地电阻

1）关闭起动开关后，断开辅助蓄电池负极。
2）检查并校准万用表，将万用表旋至电阻档合适量程。
3）查阅维修手册，根据需要测量总线电路完整状态及模块断开状态时的终端电阻及对地电阻。
4）高速 CAN 总线终端电阻在电路处于完整状态时正常值应为 60Ω 左右，单个终端电阻值应为 120Ω 左右，测量时一定要明白网络拓扑结构及终端电阻所在模块或位置。正常时 CAN-H 与 CAN-L 的对地电阻应为"无穷大"。

3. 使用示波器测量 CAN 总线波形

1）关闭起动开关后，根据维修手册，拔下需测总线的线束插头。
2）连接测量导线或测量盒。
3）检查示波器，打开（或选择）示波器双通道，设置合理的电压值和时间值。
4）查询维修手册，找到需测总线 CAN-H 和 CAN-L 的引脚号。

5）打开起动开关，用示波器检测 CAN-H 与 CAN-L 的电压波形，波形应正常。

三、CAN 总线的故障诊断方法

1）关闭起动开关，连接故障诊断仪，读取相关模块故障码和数据流。
2）查阅电路图，结合故障现象分析确定 CAN 总线故障的可能范围。
3）根据需要对总线及模块进行基本检查，包括上述总线的电压、电阻、波形检查，模块的供电、接地检查。
4）采用拔或更换模块的方法来确定模块是否有故障。

【学习任务单】

车载网络 CAN 总线的故障检修	学习任务单	班级：
		姓名：

1. 一般来说，引起汽车车载网络信息传输系统故障的原因有_____、_____、_____3 类。
2. 高速 CAN 总线终端电阻在电路处于完整状态时正常值应为_____左右，单个终端电阻值应为_____左右。
3. 在辅助蓄电池已连接且起动开关打开时，高速 CAN 总线 CAN-H 的对地电压为_____左右，CAN-L 的对地电压为_____左右。

【任务实施】 **吉利 EV450 CAN 总线的检测**

◎ 实训器材

吉利 EV450 实车、原车电路图及维修手册、拆装工具、万用表、示波器、车内外 3 件套。

◎ 作业准备

熟悉吉利 EV450 原车电路图及维修手册的识读及查询方法；具备车辆操作、维修安全防护知识；能正确使用拆装工具及检测设备仪器；熟悉相关零部件及插接头位置。

◎ 操作步骤

1. 车辆 OBD 接口 CAN 总线的波形检测

操作示意图	操作方法	操作标准
	接口位于驾驶人侧下方	查阅维修手册

扫一扫

吉利 EV450 CAN 总线波形检测

（续）

操作示意图	操作方法	操作标准
IP19诊断接口线束插接器 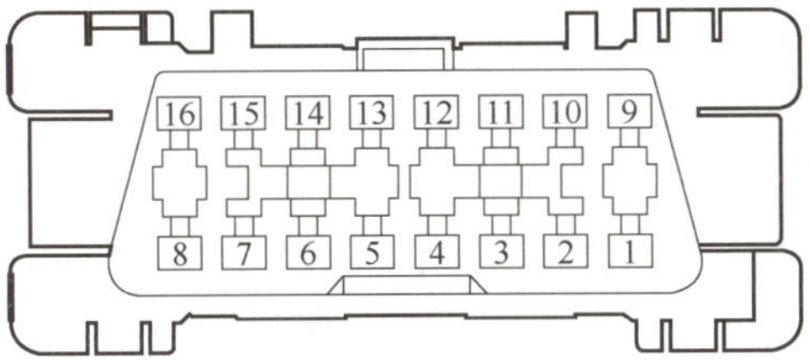 16 15 14 13 12 11 10 9 8 7 6 5 4 3 2 1	比对车辆电路图，确认端子号及含义	查阅电路图，找出各端子号线束含义
 （示波器图）	使用示波器测量各CAN总线波形（以P-CAN为例）	查阅示波器使用说明书
 （车辆起动开关图）	车辆下电	1. 无须踩下制动踏板 2. 按压车辆起动开关，确保车辆下电
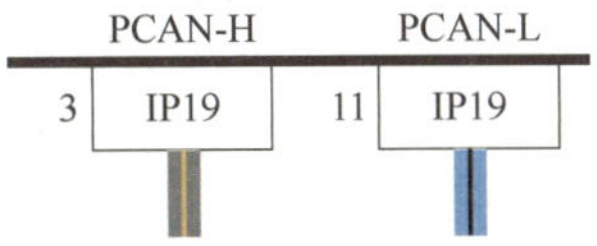 PCAN-H　　PCAN-L 3 IP19　　11 IP19	确认诊断口侧P-CAN总线对应端子号	端子号为IP19/3和IP19/11
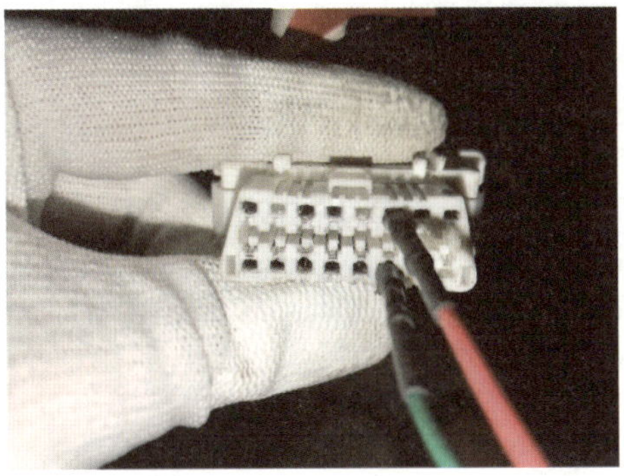 （跨接线引出信号图）	使用跨接线将信号引出	1. 跨接线探针大小应合适 2. 跨接线连接应可靠

71

(续)

操作示意图	操作方法	操作标准
	连接波形线	连接应可靠
	将波形线鳄鱼夹可靠接地	
	调整波形参数	1. CAN-L 和 CAN-H 两个通道波形参数设置应一致 2. 参考参数值：幅值 DC 1V/格，周期 5μs
	此时可读取部分常电模块 CAN 波形	参考维修手册
	车辆上电	1. 踩下制动踏板 2. 按压车辆起动开关，确保车辆上电（READY 灯点亮）

（续）

操作示意图	操作方法	操作标准
	此时可读取全部模块CAN波形	参考维修手册
	CAN-H与CAN-L同时与车身接地短路时的波形图	通过判读参考电位（2.56V）可发现，CAN线对地短路时，波形电压约为0V
	CAN-H与CAN-L相互之间短路时的波形图	通过判读参考电位（2.56V）可发现，CAN-H与CAN-L线相互短路时，波形电压约为2.5V

2. 车辆OBD接口CAN总线的电阻检测

操作示意图	操作方法	操作标准
	车辆下电	1. 无须踩下制动踏板 2. 按压车辆起动开关，确保车辆下电

扫一扫

吉利EV450
OBD接口
CAN总线
的电阻检测

(续)

操作示意图	操作方法	操作标准
	断开车辆辅助蓄电池负极	断开后应包裹绝缘胶带
	使用万用表电阻档测量各 CAN-H 线和 CAN-L 线之间的电阻（以 P-CAN 为例）	查阅万用表使用手册
PCAN-H　PCAN-L 3　IP19　　11　IP19	确认诊断口侧 P-CAN 总线对应端子号	端子号为 IP19/3 和 IP19/11
	使用跨接线将信号引出	1. 跨接线探针大小应合适 2. 跨接线连接应可靠
	将跨接线连接万用表	测量前应先校零，表笔连接应可靠

(续)

操作示意图	操作方法	操作标准
	读取测量值	1. 标准电阻约为 60Ω 左右 2. 若电阻 <1Ω 则 CAN-H 线与 CAN-L 线之间短路 3. 若电阻约为 120Ω 或大于 10kΩ，则 CAN-H 线与 CAN-L 线之间断路

3. 车辆 BCM-CAN 总线的检测

操作示意图	操作方法	操作标准
	BCM 模块位于车辆主驾驶位下侧，仪表台下方	查阅维修手册
	比对车辆电路图，确认端子号及含义	查阅电路图
	车辆下电	1. 无须踩下制动踏板 2. 按压车辆起动开关，确保车辆下电

扫一扫

吉利 EV450
BCM-CAN
总线的检测

（续）

操作示意图	操作方法	操作标准
	断开辅助蓄电池负极	断开后应包裹绝缘胶带
	拆卸内饰板	拆卸时若使用一字螺丝刀，应包裹绝缘胶带保护
	内饰板拆卸后不可立即取下	
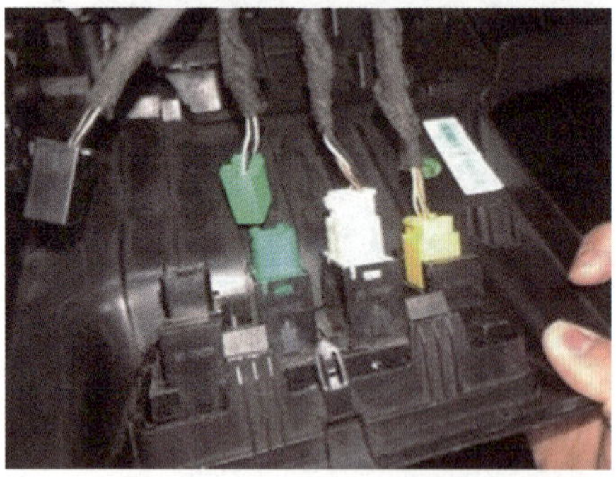	断开内饰板后侧多功能开关线束插接器后，方可取下	查阅维修手册
	断开IP20a线束插接器	

（续）

项目二　车载网络控制系统的认知及故障检修

（续）

操作示意图	操作方法	操作标准
	测量 IP20a/41 与 IP20a/42 之间的电阻	V-CAN 一侧的终端电阻位于 BCM 模块内，故断开 IP20a 时，BCM 模块内的终端电阻被断开，此时测量 CAN 线阻值应为 120Ω 左右

4. 车辆自动空调模块总线的检测

操作示意图	操作方法	操作标准
	自动空调模块位于副驾驶 A 柱下方、空调鼓风机右侧	查阅维修手册
	比对车辆电路图，确认端子号及含义	查阅电路图
	车辆下电	1. 无须踩下制动踏板 2. 按压车辆起动开关，确保车辆下电
	断开辅助蓄电池负极	断开后应包裹绝缘胶带

扫一扫

吉利 EV450 自动空调模块 CAN 总线的检测

(续)

操作示意图	操作方法	操作标准
	断开 IP85	查阅维修手册
	测量 IP85/5 与 IP85/4 之间的电阻	若电阻约 60Ω，则 CAN 线正常

5. 车辆 VCU-CAN 总线的检测

扫一扫

车辆 VCU-CAN 总线的检测

操作示意图	操作方法	操作标准
	VCU 模块位于车辆驾驶舱左侧	查阅维修手册
	比对车辆电路图，确认端子号及含义	查阅电路图
	车辆下电	1. 无须踩下制动踏板 2. 按压车辆起动开关，确保车辆下电

（续）

操作示意图	操作方法	操作标准
	断开辅助蓄电池负极	断开后应包裹绝缘胶带
	断开 CA66 VCU 模块线束插接器 A	查阅维修手册
	测量 CA66/7 与 CA66/8 之间的电阻（P-CAN）	若电阻约 60Ω，则 CAN 线正常
	测量 CA66/22 与 CA66/23 之间的电阻（V-CAN）	若电阻约 60Ω，则 CAN 线正常

6. 车辆 PEU-CAN 总线的检测

操作示意图	操作方法	操作标准
	PEU 模块集成在 PEU 内，其接口位于 PEU 左侧	查阅维修手册

扫一扫

吉利 EV450
PEU-CAN
总线的检测

（续）

操作示意图	操作方法	操作标准
BV11电机控制器线束插接器	比对车辆电路图，确认端子号及含义	查阅电路图
	车辆下电	1. 无须踩下制动踏板 2. 按压车辆起动开关，确保车辆下电
	断开辅助蓄电池负极	断开后应包裹绝缘胶带
	断开 BV11-PEU 低压线束插接器	查阅维修手册
	测量 BV11/20 与 BV11/21 之间的电阻	P-CAN 一侧的终端电阻位于 PEU 模块内，故断开 BV11 时，PEU 模块内的终端电阻被断开，此时测量 CAN 线阻值应为 120Ω 左右

7. 车载充电机控制器总线的检测

操作示意图	操作方法	操作标准
	OBC 控制模块集成在 OBC 总成内，位于车辆前机舱左侧	查阅维修手册
	比对车辆电路图，确认端子号及含义	查阅电路图
	车辆下电	1. 无须踩下制动踏板 2. 按压车辆起动开关，确保车辆下电
	断开辅助蓄电池负极	断开后应包裹绝缘胶带
	断开 BV10 充电机控制器线束插接器	查阅维修手册

扫一扫

吉利 EV450 车载充电机 CAN 总线 的检测

（续）

操作示意图	操作方法	操作标准
	测量 BV10/54 与 BV10/55 之间的电阻	若电阻约 60Ω，则 CAN 线正常

8. 车辆 BMS-CAN 总线的检测

扫一扫

吉利 EV450 BMS-CAN 总线的检测

操作示意图	操作方法	操作标准
（BMS 模块照片）	BMS 模块集成在动力蓄电池包内，其接口位于车辆下方动力蓄电池包前侧，动力蓄电池母线旁	查阅维修手册
CA69 BMS模块线束插接器A（端子图）	比对车辆电路图，确认端子号及含义	查阅电路图
（车辆起动开关照片）	车辆下电	1. 无须踩下制动踏板 2. 按压车辆起动开关，确保车辆下电

（续）

操作示意图	操作方法	操作标准
	断开辅助蓄电池负极	断开后应包裹绝缘胶带
	举升车辆至合适位置	查阅车辆维修手册及举升机使用手册
	断开 CA69 BMS 模块低压线束插接器 A	查阅维修手册
	测量 CA69（A）/3 与 CA69（A）/4 之间的电阻	P-CAN 一侧的终端电阻位于 BMS 模块内，故断开 CA69（A）时，BMS 模块内的终端电阻被断开，此时测量 CAN 线阻值应为 120Ω 左右

9. 车辆 TCU-CAN 总线的检测

操作示意图	操作方法	操作标准
	TCU 模块集成在 TCU 总成内，其接口位于 TCU 左侧，左前轮传动半轴后上方	查阅维修手册

扫一扫

车辆 TCU-CAN 总线的检测

（续）

操作示意图	操作方法	操作标准
BV15 TCU 线束插接器图 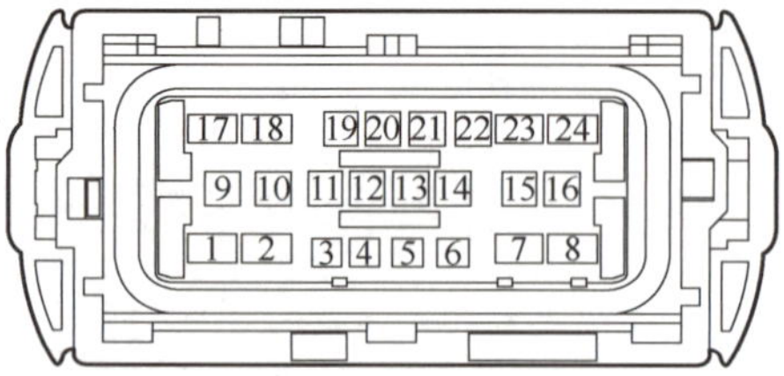	比对车辆电路图，确认端子号及含义	查阅电路图
 （车辆起动开关图）	车辆下电	1. 无须踩下制动踏板 2. 按压车辆起动开关，确保车辆下电
 （辅助蓄电池负极图）	断开辅助蓄电池负极	断开后应包裹绝缘胶带
 （举升车辆图）	举升车辆至合适位置	查阅车辆维修手册及举升机使用手册
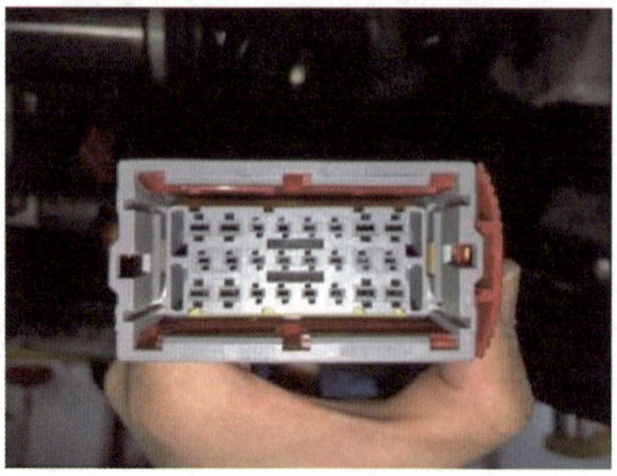 （BV15 TCU 低压线束插接器图）	断开 BV15 TCU 低压线束插接器	查阅维修手册

（续）

(续)

操作示意图	操作方法	操作标准
	测量 BV15/14 与 BV15/15 之间的电阻	若电阻约 60Ω，则 CAN 线正常

【工作任务单】

吉利 EV450 CAN 总线的检测	工作任务单	班级： 姓名：

说明：CAN 总线测量位置由教师根据电路图指定，不同组可指定不同测量位置，故障点及类型由教师根据需要设定

序号	任务	检测部位	引脚号	标准数据	实测数据	结论
1	测量 CAN-H 和 CAN-L 的对地电压					
2	测量 CAN 总线终端电阻					
3	测量 CAN-H 对地波形			如下	如下	
4	测量 CAN-L 对地波形			如下	如下	

CAN-H 对地波形

标准波形：	实测波形：

CAN-L 对地波形

标准波形：	实测波形：

结论（故障点）：

【任务评价】

吉利 EV450 CAN 总线的检测			实习日期：			
姓名：	班级：		学号：		教师签名：	
自评：□熟练 □不熟练	互评：□熟练 □不熟练		师评：□合格 □不合格			
日期：	日期：		日期：			
吉利 EV450 CAN 总线的检测【评分细则】						
序号	评分项	得分条件	分值	评分要求	自评	互评	师评
1	安全/7S/态度	□1. 能进行工位 7S 操作 □2. 能进行设备和工具安全检查 □3. 能进行车辆安全防护操作 □4. 能进行工具清洁、校准、存放操作 □5. 能进行三不落地操作	15	未完成 1 项扣 3 分	□熟练 □不熟练	□熟练 □不熟练	□合格 □不合格
2	专业技能能力	□1. 能正确绘制检测波形，波形图标注完整、准确 □2. 能规范拆卸线束插接器 □3. 能正确检测 CAN 总线波形 □4. 能正确检测 CAN 总线电压 □5. 能正确检测 CAN 总线导通性及对地电阻 □6. 能正确检测 CAN 总线终端电阻	50	未完成 1 项扣 10 分，扣分不得超过 50 分	□熟练 □不熟练	□熟练 □不熟练	□合格 □不合格
3	工具及设备的使用能力	□1. 能正确使用示波器 □2. 能正确使用万用表 □3. 能正确使用拆装工具	10	未完成 1 项扣 4 分，扣分不得超过 10 分	□熟练 □不熟练	□熟练 □不熟练	□合格 □不合格
4	资料、信息查询能力	□1. 能正确查询线束插接器端子含义 □2. 能正确使用维修手册、电路图查询资料 □3. 能正确查询使用设备说明书 □4. 能正确记录所需查询信息	10	未完成 1 项扣 3 分，扣分不得超过 10 分	□熟练 □不熟练	□熟练 □不熟练	□合格 □不合格
5	数据判断和分析能力	□1. 能判断辅助蓄电池电压是否正常 □2. 能判断检测电压是否正常 □3. 能判断检测电阻是否正常 □4. 能判断检测波形是否正常	10	未完成 1 项扣 3 分，扣分不得超过 10 分	□熟练 □不熟练	□熟练 □不熟练	□合格 □不合格
6	表单填写及报告撰写能力	□1. 字迹清晰 □2. 语句通顺 □3. 无错别字 □4. 无涂改 □5. 无抄袭	5	未完成 1 项扣 1 分	□熟练 □不熟练	□熟练 □不熟练	□合格 □不合格
总分：						

任务二　车载网络 LIN 总线的故障检修

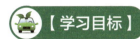

【学习目标】

◎ 知识目标

1）熟悉车载网络 LIN 总线的结构原理和主要应用。
2）掌握车载网络 LIN 总线的信号检测方法。

◎ 技能目标

1）具有熟练查阅使用维修手册和汽车车载网络系统电路图的能力。
2）具有独立规范使用万用表检测 LIN 总线系统常用参数的能力。
3）具有独立规范使用示波器检测 LIN 总线波形的能力。
4）具有通过分析所测 LIN 总线参数信号和波形准确定位故障范围的能力。

◎ 素养目标

1）培养学生良好的安全意识。
2）培养学生良好的团队合作意识。
3）养成 7S 的工作习惯。
4）规范使用工具、量具，养成严谨的学术态度。
5）拆装车载网络控制系统各模块时，须确保动作规范，模块及电路完好。

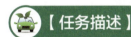

【任务描述】

某 4S 店维修顾问接待了一位吉利 EV450 客户，客户反映汽车空调工作不正常。经维修技师检查判断为 LIN 总线故障，重点检查自动空调模块及相关电路。徒弟小王应如何正确规范地进行相关检查呢？

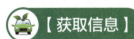

【获取信息】

一、LIN 总线常见故障分析

LIN 总线故障主要有模块故障及链路故障。模块故障主要有：模块电源异常；模块接地异常；模块数据线开路；模块本身故障（含模块内部对电源或对地短路）。链路故障主要有：LIN 总线对负极短路；LIN 总线对正极短路；LIN 总线在主控模块和从模块的干路处断路；LIN 总线在支路处断路。诊断时，需根据网络拓扑图分析确定故障的可能原因。

1. LIN 总线对负极短路

LIN 总线对负极短路使 LIN 总线上无法传输信息数据，因此通过 LIN 总线传递的控制指令都无法实现。

2. LIN 总线对正极短路

故障现象与 LIN 总线对负极短路一样。

3. LIN 总线在主控模块和从模块的干路处断路

如果 LIN 总线在主控模块和从模块的干路上断路，那么主控模块不能命令和监控所有从模块的状态，主控模块与断点之间的从模块不受影响，断点后的从模块无法进行信息传递。

4. LIN 总线在支路处断路

如果 LIN 总线的断路在从模块的支路上，该支路的从模块就不受主控模块的监控和命令，而其他从模块不受影响。

二、LIN 总线的基本检查及测量

1. 使用万用表测量 LIN 总线的对地电压

1）关闭起动开关后，根据维修手册，拔下需测总线的线束插头。
2）连接测量导线或测量盒。
3）检查万用表，将万用表旋至电压档合适量程。
4）查询维修手册，找到需测 LIN 总线的引脚号。
5）打开起动开关及其他相应开关按钮，用万用表检测 LIN 总线的对地电压，正常时约为 7~10V。

2. 使用万用表测量 LIN 总线的导通性及对地电阻

1）关闭起动开关后，断开辅助蓄电池负极。
2）检查并校准万用表，将万用表旋至电阻档合适量程。
3）查阅维修手册，找到需测 LIN 总线的引脚号，测量 LIN 总线的导通性及对地电阻。正常时 LIN 总线应导通，对地电阻应为"无穷大"。

3. 使用示波器测量 LIN 总线的波形

1）关闭起动开关后，根据维修手册，拔下需测总线的线束插头。
2）连接测量导线或测量盒。
3）检查示波器，设置合理的电压值和时间值。
4）查询维修手册，找到需测 LIN 总线的引脚号。
5）打开起动开关，用示波器检测 LIN 总线的电压波形。

三、LIN 总线的故障诊断方法

1）关闭起动开关，连接故障诊断仪，读取相关模块故障码和数据流。
2）查阅电路图，结合故障现象分析确定 LIN 总线故障的可能范围。
3）根据需要对 LIN 总线及模块进行基本检查。包括上述 LIN 总线的电压、电阻、波形检查，模块的供电、接地检查。
4）采用代换法确定模块是否有故障。

【视野拓展】 **脉宽调制**

脉宽调制 PWM（Pulse Width Modulation）是利用微处理器的数字输出来对模拟电路进行控制，广泛应用在测量、通信、功率控制与转换等领域。脉宽调制 PWM 在汽车上也应用较多，如燃油泵功率控制、电机调速、电动汽车充电电路 CP 端子信号等。其通常是通过调节占空比的变化来调节信号、能量等的变化。如图 2-53 所示，占空比就是指在一个周期内，信号处于高电平（或低电平）的时间占据整个信号周期的百分比，高电平有效时占空比为 25%，低电平有效时占空比为 75%。

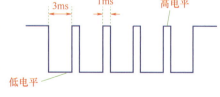

图 2-53 占空比信号

项目二 车载网络控制系统的认知及故障检修

【学习任务单】

车载网络 LIN 总线的故障检修	学习任务单	班级： 姓名：

1. LIN 总线故障主要有_____及_____。
2. LIN 总线链路故障主要有：_____、_____、_____和_____。
3. 用示波器检测 LIN 总线波形时，其周期设置在_____时较为合适。
4. LIN 总线正常工作时的电压约为_____伏。

【任务实施】 吉利 EV450 自动空调 LIN 总线的检测

◎ 实训器材

吉利 EV450 实车、原车电路图及维修手册、拆装工具、万用表、示波器、车内外 3 件套。

◎ 作业准备

熟悉吉利 EV450 原车电路图及维修手册的识读及查询方法；具备车辆操作、维修安全防护知识；能正确使用拆装工具及检测设备仪器；熟悉相关零部件及插接头位置。

◎ 操作步骤

扫一扫

吉利 EV450
自动空调
LIN 总线
的检测

操作示意图	操作方法	操作标准
	查询电路图，空调面板开关与自动空调控制模块之间通过 LIN 总线通信	查阅电路图
IP78 空调面板开关线束插接器	比对车辆电路图，确认端子号及含义	

89

(续)

操作示意图	操作方法	操作标准
	车辆下电	1. 无须踩下制动踏板 2. 按压车辆起动开关，确保车辆下电
	断开辅助蓄电池负极	断开后应包裹绝缘胶带
	拆卸空调面板开关	1. 使用一字螺丝刀将空调面板开关从内饰板上撬起 2. 一字螺丝刀应包裹绝缘胶带
	翻转空调面板开关，确认IP78插接器	查阅维修手册

项目二 车载网络控制系统的认知及故障检修

（续）

操作示意图	操作方法	操作标准
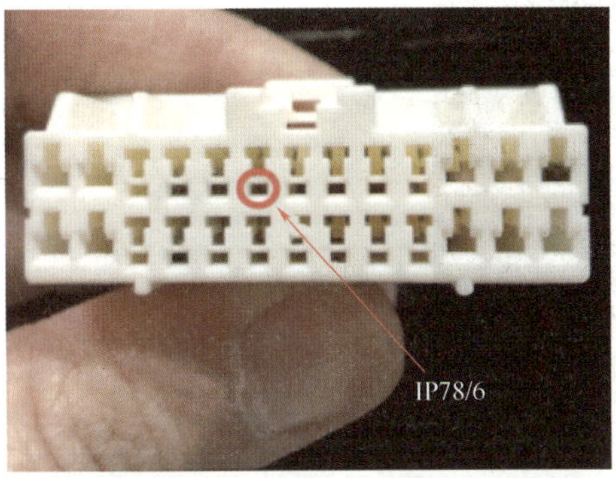 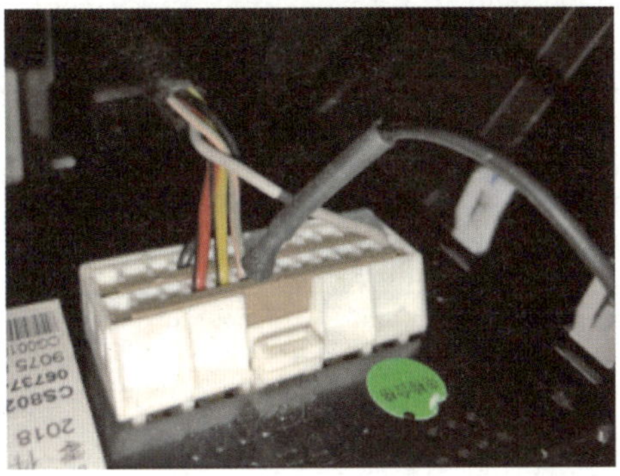	断开 IP78 空调面板开关线束插接器，测量 IP78/6 与 IP85/3 之间线束电阻	阻值应小于 1Ω
	装复辅助蓄电池负极，车辆上电，使用控制面板开关开启空调	查阅维修/使用手册
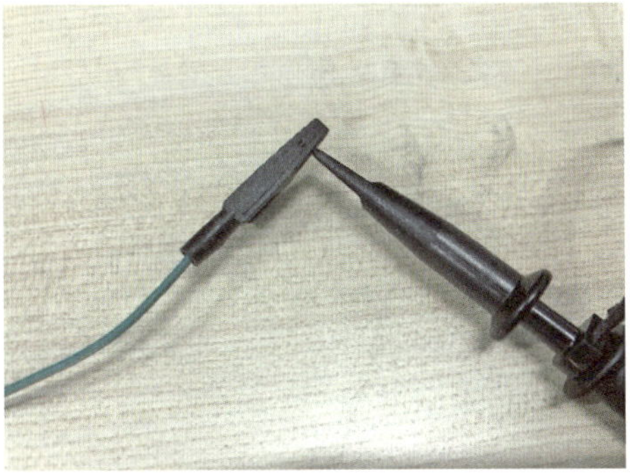	连接波形线	波形线连接应可靠，鳄鱼夹应接地

（续）

操作示意图	操作方法	操作标准
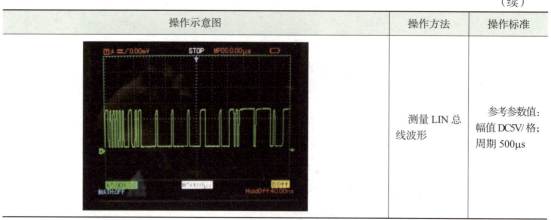	测量 LIN 总线波形	参考参数值：幅值 DC5V/格；周期 500μs

【工作任务单】

吉利 EV450 自动空调 LIN 总线的检测		工作任务单	班级：
			姓名：

说明：教师可根据需要设置故障

序号	任务	检测部位	引脚号	标准数据	实测数据	结论
1	测量 LIN 总线的导通性					
2	LIN 总线对地电阻					
3	LIN 总线对地电压					
4	LIN 总线对地波形			如下	如下	

LIN 总线对地波形

标准波形：　　　　　　　　　　　　　　　实测波形：

结论（故障点）：

**【任务评价】**

吉利EV450自动空调LIN总线的检测		实习日期：	
姓名：	班级：	学号：	教师签名：
自评：□熟练 □不熟练	互评：□熟练 □不熟练	师评：□合格 □不合格	
日期：	日期：	日期：	

序号	评分项	得分条件	分值	评分要求	自评	互评	师评
		吉利EV450自动空调LIN总线的检测【评分细则】					
1	安全/7S/态度	□1.能进行工位7S操作 □2.能进行设备和工具安全检查 □3.能进行车辆安全防护操作 □4.能进行工具清洁、校准、存放操作 □5.能进行三不落地操作	15	未完成1项扣3分	□熟练 □不熟练	□熟练 □不熟练	□合格 □不合格
2	专业技能能力	□1.能正确绘制检测波形，波形图标注完整、准确 □2.能规范拆卸线束插接器 □3.能正确检测LIN总线波形 □4.能正确检测LIN总线对地电压 □5.能正确检测LIN总线导通性及对地电阻	50	未完成1项扣10分	□熟练 □不熟练	□熟练 □不熟练	□合格 □不合格
3	工具及设备的使用能力	□1.能正确使用示波器 □2.能正确使用万用表 □3.能正确使用拆装工具	10	未完成1项扣4分，扣分不得超过10分	□熟练 □不熟练	□熟练 □不熟练	□合格 □不合格
4	资料、信息查询能力	□1.能正确查询线束插接器端子含义 □2.能正确使用维修手册、电路图查询资料 □3.能正确查询使用设备说明书 □4.能正确记录所需查询信息	10	未完成1项扣3分，扣分不得超过10分	□熟练 □不熟练	□熟练 □不熟练	□合格 □不合格
5	数据判断和分析能力	□1.能判断辅助蓄电池电压是否正常 □2.能判断检测电压是否正常 □3.能判断检测电阻是否正常 □4.能判断检测波形是否正常	10	未完成1项扣3分，扣分不得超过10分	□熟练 □不熟练	□熟练 □不熟练	□合格 □不合格
6	表单填写及报告撰写能力	□1.字迹清晰 □2.语句通顺 □3.无错别字 □4.无涂改 □5.无抄袭	5	未完成1项扣1分	□熟练 □不熟练	□熟练 □不熟练	□合格 □不合格
总分：							

项目三
能量供给控制系统的认知及故障检修

能量供给控制系统的认知及故障检修主要包括两个学习情境：高压上电系统的认知及故障检修和混合动力汽车发动机控制系统的认知及故障检修。

```
项目三 能量供给控制系统的认知及故障检修
├── 学习情境一 高压上电系统的认知及故障检修
│   ├── 任务一 典型高压系统的认知
│   └── 任务二 高压无法上电故障的检修
└── 学习情境二 混合动力汽车发动机控制系统的认知及故障检修
    ├── 任务一 混合动力汽车发动机控制系统的认知
    └── 任务二 混合动力汽车发动机控制系统的故障检修
```

学习情境一

高压上电系统的认知及故障检修

在新能源汽车中,电能以高压的形式存储在动力蓄电池中,通常都处于独立状态,与其他高压组件是断开的。只有在特定的时刻,例如驾驶或起动时,动力蓄电池的电压才会对外输出,这一过程通常由整车控制器、电池管理器等系统协调工作,控制动力蓄电池和其他高压组件内的接触器来完成,称为高压上电。

任务一　典型高压系统的认知

◎ **知识目标**

1）掌握典型高压系统的结构和组成。
2）掌握典型高压上电系统的上电策略。
3）掌握高压上电时各接触器的时序。

◎ **技能目标**

1）具有根据电路图分析高压上电系统结构及控制策略的能力。
2）具有根据车辆电路编写上电时序图的能力。

◎ **素养目标**

1）培养学生良好的安全意识。
2）培养学生良好的团队合作意识。
3）养成 7S 的工作习惯。
4）进行实车操作时应遵循安全操作规范,以培养学生精益求精、严谨细致的工作态度。

某 4S 店维修顾问接待了一位客户,客户反映,自己的吉利 EV450 无法正常上电。经

试车、检查，发现车辆起动后 READY 灯无法点亮，需检修。

【获取信息】

一、典型高压供电系统的结构组成

纯电动车有一套高压供电系统。高压供电系统由动力蓄电池为电机控制器、驱动电机、电动压缩机、PTC 加热器等高压部件提供能量。此外动力蓄电池还有一套直流快充充电系统和一套交流慢充充电系统。所有的高压部件都由高压配电系统连接输送电能。高压上电，指的就是车辆从其他电源档位（OFF 档、ACC 档、ON 档）至 READY 档，点亮仪表指示灯的过程，这一过程中，动力蓄电池内的高压电将分配到车辆各高压部件。除此之外，车辆在进行交直流充电时，也需要上高压电。如图 3-1 所示，高压供电系统主要包含动力蓄电池、车载充电机、电机控制器、驱动电机、交直流充电接口等，此外还包含了控制这些高压部件的低压电路以及 12V 辅助蓄电池。

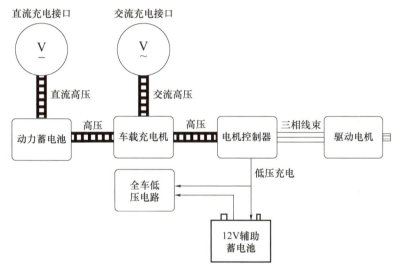

图 3-1　纯电动汽车高压供电系统原理图

（1）动力蓄电池　纯电动汽车的动力蓄电池大多采用三元锂电池，以钴酸锂、锰酸锂或镍酸锂等化合物为正极，以可嵌入锂离子的碳材料为负极，使用有机电解质。如图 3-2 所示，动力蓄电池总成一般安装在车体下部，主要包括各模组总成、CSC 采集系统、电池控制单元（BMU）、电池高压分配单元（B-BOX）等部件。

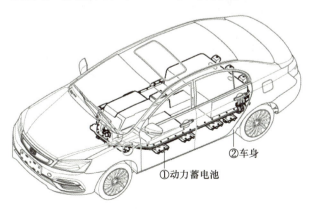

图 3-2　动力蓄电池安装位置

（2）车载充电机分线盒　车载充电机分线盒的作用类似于低压供电系统中的熔丝盒，其电气原理如图 3-3 所示。它的功能主要包括：高压电能的分配，高压回路的过载及短路保护。例如，吉利 EV450 汽车的车载充电机分线盒将动力蓄电池总成输出的电能分配给电机控制器、电动压缩机和 PTC 加热器。此外，交流慢充时，充电电流也会经过分线盒流入动力蓄电池为其充电。车载充电机分线盒内对电动压缩机回路、PTC 加热器回路、交流慢充回路各设有一个 40A 的熔断器。当上述回路电流超过 90A 时，熔断器会在 15s 内熔断；当回路电流超过 150A 时，熔断器会在 1s 内熔断，保护相关回路。

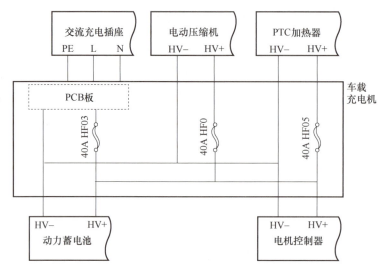

图 3-3　车载充电机分线盒电气原理图

（3）高压接触器　在新能源汽车中，高压接触器主要用于高压大电流直流电源管理，特别是动力蓄电池的电路切换，通常采用密封和气体填充设计，广泛适用于各种需要快速而可靠地切换高压直流的电路。

如图 3-4 所示，高压接触器内部主要包含线圈和触点两大部分，接触器线圈由 12V 辅助蓄电池驱动，接触器触点为常开状态，线圈上电后产生磁场并磁化铁心，铁心磁化后与上方的铁片产生吸力，吸力克服弹簧力后，铁心（连接片与铁心为一体）向上运动，连接片将两个高压触点连通。接触器线圈下电时，铁心磁性消失，弹簧使铁心（连接片）复位，两触点断开。

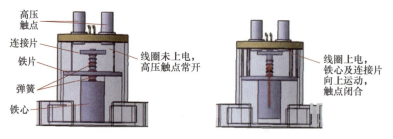

图 3-4　高压接触器的工作过程

通常在高压直流负载下切断触点，不可避免地会产生电弧现象，所以接触器设计时，会在内部填充惰性气体，实现快速熄灭电弧。

（4）高压互锁　纯电动汽车使用的都是 300V 以上的直流电，根据 VDE 的标准，允许接触的最大电压为 50V 交流电及 120V 直流电。所以车辆上的所有高压电器及高压线束都必须要有良好的防护性，高压互锁就是其中的一种。

高压互锁（High Voltage Interlock Loop，HVIL）是使用12V的小电流来确认整个高压电气系统的完整性。整车所有的高压部件和线束插接件都必须安装到位，无短路或断路的情况。当控制器检测到 HVIL 回路断开或是完整性受到破坏时，需要启动必要的安全措施。

BMS 检测到 HVIL 回路断开时，判断车辆系统存在风险，会根据当时的车辆情况，选择不同的安全措施。

① 故障报警。常通过仪表警告灯亮起或发出警告鸣声等形式提醒驾驶人注意车辆情况，尽早将车辆送至专业维修点检测，避免发生安全事故。

② 切断高压电输出。当车辆处于停止状态，BMS 检测到 HVIL 断开，除了进行必要的警告外，还会直接切断高压电输出，使车辆无法起动，最大限度地保障乘客安全。

③ 降低高压输出功率。当车辆处于行驶状态，BMS 检测到 HVIL 断开，直接切断高压电输出会产生严重的、不可控的后果。此时，除了进行必要的警告灯／警告声提醒驾驶人外，高压控制系统将强制降低驱动电机的输出功率，强制降低车速，使车辆始终处于一个低速的运行状态，给驾驶人足够的时间和机会寻找合适的地点停车。如驾驶人在停车后未及时将车辆送检维修，那么在下次起动车辆时，BMS 将会直接切断高压电输出，以保障用户及车辆安全。

高压互锁回路如图 3-5 所示。互锁信号由整车控制器（VCU）发出，经过所有高压部件和插接器，只有当互锁回路形成了一个完整的闭环，VCU 才认为车辆的高压部件状态正常，才会允许 BMS 接通高压电源。当回路遭到断开，触发 HVIL 的断开信号，BMS 将在毫秒级时间内断开高压电，确保用户安全。

> **想一想：**
>
> 车辆配置高压互锁的好处是什么？

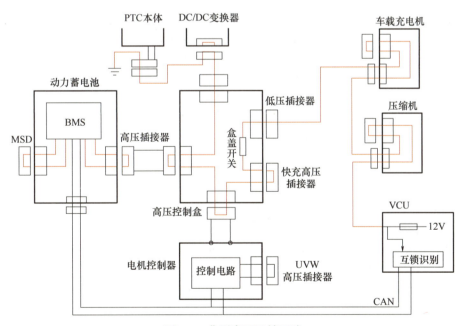

图 3-5　典型高压互锁回路

（5）预充电阻　纯电动汽车驱动电机和空调压缩机的电机控制器内部都有电容，如果动力蓄电池接入高压电路时，电容内没有预先储存一定的电荷量，则高压电路中电容的充电电流会非常大，极易发生危险。为了避免发生短路的意外，通常会在上电电路中加入预充接触器和预充电阻来给电容进行预充电，以此来保护电路。

二、典型高压上电系统的电路分析

（1）高压上电策略　高压上电主要包含两部分电路，一部分是低压外围电路，主要涉及整车控制器（VCU）、车身控制器（BCM）、电池管理器（BMS）、组合仪表、高压互锁等，这部分均为12V电路。另一部分是动力蓄电池和各高压组件组成的高压电路。

以吉利EV450为例，如图3-6所示，高压上电主要步骤如下：

1）低压控制电路接通。
① SSB（起动开关）被按下。
② 制动踏板被踩下。
③ 档位在P/N档。
④ 钥匙有效。
⑤ IG继电器无故障。
⑥ 防盗认证通过ESCL解锁有效。

2）PEPS控制IG1/IG2继电器闭合。

3）整车各模块自检正常满足上电条件。

4）PEPS发送ETART硬线信号。

5）VCU检测各模块正常满足上电条件，VCU发送闭合主继电器（Closed Main Relay）指令。

6）BMS控制各接触器吸合，整车上高压。

7）VCU发送READY指示灯点亮信号到仪表。

8）仪表显示READY，车辆上电完成。

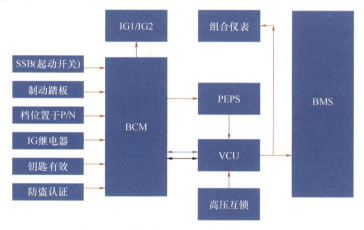

图3-6　整车高压上电流程电气原理图

（2）高压上电时序　如图3-7所示，在纯电动汽车中，典型高压回路中包含的主要组件和作用如下：

1）动力蓄电池母线：高压系统中的主线束，将动力蓄电池的电能输送至高压配电盒或高压电控总成。

2）主正接触器：动力蓄电池正极侧的主接触器。

3）主负接触器：动力蓄电池负极侧的主接触器。

4）预充接触器：控制预充回路断开、闭合的接触器，即在主接触器工作之前，接通预充电路进行自检。

5）预充电阻：相当于保护电阻，具有限流作用，可有效防止上电瞬间的大电流损坏高压系统中的其他电子元件。

6）主接触器：预充结束后，主接触器吸合，形成主回路，使车辆进入正常工作状态。

7）动力蓄电池包分压接触器：断开时将动力蓄电池包切分成若干段，每段有数个模组，可避免主正、主负接触器粘连失效时，动力蓄电池包无法下电。

8）电流传感器：用于监测动力蓄电池母线的工作电流，防止电路过载。

9）交流充电接触器：交流充电时，该接触器闭合，形成主回路。

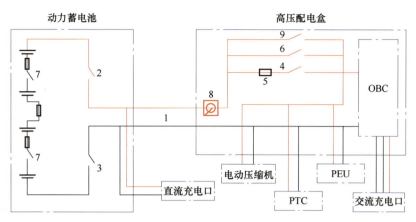

图 3-7　典型高压回路

当低压电路部分正常工作时，上电的第 6 步，BMS 将按特定顺序，闭合高压电路中各位置的接触器，此特定顺序称为上电时序。

1）当 BMS 接收到 VCU 的指令时，首先闭合动力蓄电池的主正、主负接触器和各分压接触器，此时动力蓄电池包内部完成连接，向外输出电压。

2）电压通过动力蓄电池母线传输到高压配电盒。

3）此时高压配电盒内的预充接触器首先闭合，电流经由预充电阻流向各高压部件，此时高压配电盒内的高压电路电压缓慢上升。

4）当高压配电盒内的电压与动力蓄电池的电压相等时，预充完成。

5）此时高压配电盒内的主接触器闭合，随后预充接触器断开，车辆完成上电。

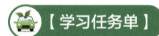【学习任务单】

典型高压系统的认知	学习任务单	班级：
		姓名：

1. 吉利 EV450 高压系统主要部件有：动力蓄电池、_____、_____、_____、_____、_____、_____。

2. 高压互锁的主要作用有：_____、_____、_____。

3. 结合维修手册，查找各模块的中文全称并完成表格。

简称	中文名称	简称	中文名称	简称	中文名称
BMS		VCU		PEU	
OBC		PTC		DC/DC	
BCM		PEPS		SSB	
CAN		TCU		OBD	

4. 请简述纯电动汽车高压上电时，各接触器闭合顺序。

_____

_____

5. 上网查阅资料，简写目前主流动力蓄电池使用的电芯种类。

① 三元锂　　　　　② 　　　　　③ 　　　　　④ 　　　　　⑤

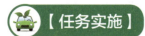

【任务实施】 绘制吉利 EV450 高压供电系统拓扑图

◎ 实训器材

吉利 EV450 原车电路图、维修手册。

◎ 作业准备

熟悉吉利 EV450 原车电路图的识读方法。

◎ 操作步骤

一、确认吉利 EV450 高压供电系统电路位置

1）打开 PDF 版吉利 EV450 电路图。

2）用电路图左侧"书签及查找"或右侧的"查找"功能，输入关键词快速确定页码位置。

二、识读并绘制吉利 EV450 高压供电系统电路拓扑图

根据吉利 EV450 电路图的特点及识读方法分析高压供电系统，并完成工作任务单相关内容。

【工作任务单】

绘制吉利 EV450 高压供电系统拓扑图	工作任务单	班级：
		姓名：
1. 记录电路图信息		
页码信息		
所属系统名称		
2. 绘制高压供电系统电路拓扑图（含高压线束插接器代号及含义）		

【任务评价】

绘制吉利EV450高压供电系统拓扑图		实习日期:		
姓名:	班级:	学号:	教师签名:	
自评:□熟练 □不熟练	互评:□熟练 □不熟练	师评:□合格 □不合格		
日期:	日期:	日期:		

绘制吉利EV450高压供电系统拓扑图【评分细则】

序号	评分项	得分条件	分值	评分要求	自评	互评	师评
1	专业技能能力	□1.能正确绘制高压供电系统拓扑图 □2.能正确绘制整车高压系统拓扑图,模块位置准确 □3.能正确识读高压供电系统电路图	60	未完成1项扣20分	□熟练 □不熟练	□熟练 □不熟练	□合格 □不合格
2	工具及设备的使用能力	□1.能正确查阅电路图 □2.能正确查阅维修手册	15	未完成1项扣10分,扣分不超过15分	□熟练 □不熟练	□熟练 □不熟练	□合格 □不合格
3	资料、信息查询能力	□1.能正确查询线束插接器端子含义 □2.能正确使用维修手册、电路图查询资料 □3.能正确使用设备说明书查询资料 □4.能正确记录所需查询信息	10	未完成1项扣3分,扣分不得超过10分	□熟练 □不熟练	□熟练 □不熟练	□合格 □不合格
4	数据判断和分析能力	□能分析和判断供电系统拓扑图是否正确	10	未完成1项扣10分	□熟练 □不熟练	□熟练 □不熟练	□合格 □不合格
5	表单填写及报告撰写能力	□1.字迹清晰 □2.语句通顺 □3.无错别字 □4.无涂改 □5.无抄袭	5	未完成1项扣1分	□熟练 □不熟练	□熟练 □不熟练	□合格 □不合格
总分:							

任务二 高压无法上电故障的检修

【学习目标】

◎ 知识目标

1)掌握纯电动汽车高压无法上电的典型故障原因。
2)掌握高压无法上电相关故障的电路判读。

◎ 技能目标

1)具有根据电路图分析高压无法上电的原因的能力。
2)具有根据车辆电路进行高压无法上电故障诊断的能力。

◎ 素养目标

1）培养学生良好的安全意识。
2）培养学生良好的团队合作意识。
3）养成7S的工作习惯。
4）进行故障诊断时应遵循安全操作规范，以培养学生精益求精、严谨细致的工作态度。

【任务描述】

某4S店维修顾问接待了一位客户，客户反映，自己的吉利EV450无法正常上电，READY指示灯无法点亮。经试车、检查，发现车辆无法上高压电、仪表正常点亮，危险警告灯闪烁，使用诊断仪读取故障信息发现高压互锁断路，送到车间进行检修。

【获取信息】

纯电动汽车典型故障大致有4个类型，分别是低压供电不正常、高压无法上电、无法正常充电和无法正常行驶。其中高压无法上电，最大的表征是仪表可以正常点亮（仪表无法正常点亮通常归属于低压供电不正常）、但是READY灯（某些车型为OK灯，如比亚迪）无法点亮，一般都伴有多个故障灯点亮或闪烁、散热器风扇长转、危险警告灯闪烁等现象。

以吉利EV450为例，高压无法上电故障主要考虑4个方向，分别为低压控制电路故障、上电必要模块失去通信、特定部件异常以及高压供电回路异常，其树状分析图如图3-8所示。

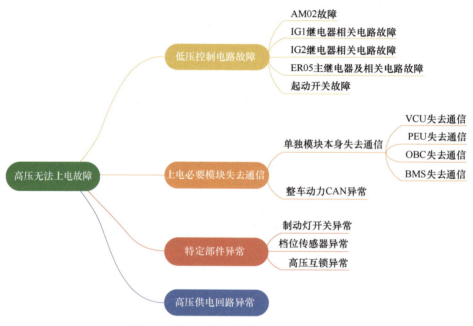

图3-8 高压无法上电故障诊断思维导图

一、低压控制电路故障

主要考虑车辆外围电路，以IG1继电器为例，代号IR02，安装在车辆室内熔丝、继电器盒内，其相关电路如图3-9所示。

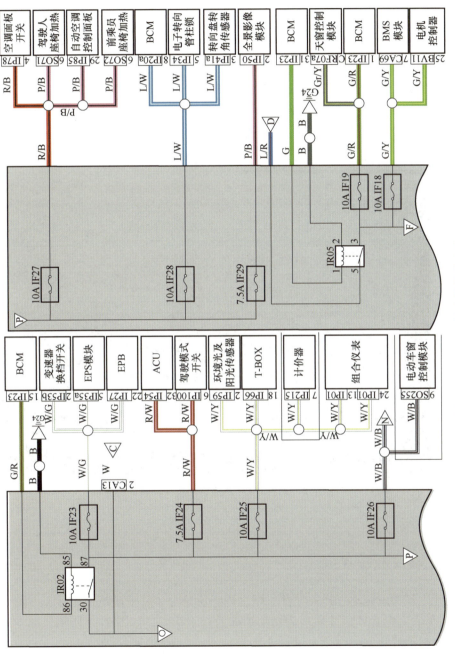

图 3-9　IR02 IG1 继电器相关电路

IG1 继电器线圈电路由 BCM 模块 IP23 插接器 15 号引脚供电，经由 G24 接地点连接到车身，开关电路由辅助蓄电池正极供电，经由 CA13 插接器 2 号引脚进入室内熔丝、继电器盒，当开关闭合时，为变速杆、EPS 模块等多个用电器供电。当 IG1 及相关电路失效时，车辆无法正常上电。

二、上电必要模块失去通信

这里的模块主要为高压组件控制模块，例如整车控制器 VCU、车载充电机 OBC 等，当这些模块单独失去通信，而其他模块可以通信时，通常检测方向为单一模块的电源、模块接地、单独模块通信和模块本体等。

另一部分是整车动力 CAN 总线异常，如 CAN 总线断路、短路或存在干扰等。此时可以通过诊断仪读取，如图 3-10 所示，若多个模块同时无法通信，首先考虑 CAN 总线无法通信。

图 3-10 动力 CAN 总线多个模块同时无法通信

三、特定部件异常

此处主要考虑制动灯开关异常、档位传感器异常和高压互锁异常。

1）车辆上电必要条件之一为制动踏板为踩下状态，如图 3-11 所示，制动踏板状态主要采集自制动灯开关。

制动灯开关为双联开关，其中 2 号和 3 号引脚分别经由两个熔丝连接到辅助蓄电池 B+，其中 CA44b 的 1 号和 2 号引脚之间的开关为常开，3 号和 4 号引脚之间的开关为常闭，当踩下制动踏板时，CA44b 的 1 号和 2 号引脚之间的开关闭合，3 号和 4 号引脚之间的开关打开。此时 VCU 通过 CA67 插接器的 86 和 96 号引脚接收 12V 信号，判定制动灯开关的状态进而判定制动踏板是否被踩下。如果此开关及相关电路发生故障，VCU 无法判定制动踏板被踩下，则车辆无法上电。

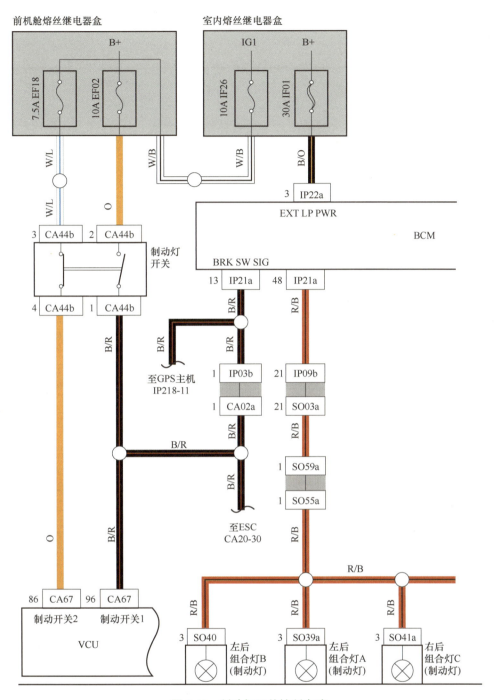

图 3-11 制动灯开关控制电路

2）车辆上电必要条件之二为档位传感器须在 P 档。如档位信号显示不为 P 档或无法确认档位信号，则车辆无法上电。

3）车辆上电必要条件之三为高压互锁回路导通，若高压互锁回路出现故障，则车辆判定高压部件未正常连接，存在安全隐患，车辆无法上电。

四、高压供电回路异常

此处主要考虑高压模块故障，如车载充电机内高压熔丝断路、电机控制器本体故障等。

【学习任务单】

高压无法上电故障的检修	学习任务单	班级： 姓名：

简要分析吉利 EV450 低压控制电路各元器件的电路走向

1）IG2 继电器。

线圈电路：_____
_____
_____

开关电路：_____
_____
_____

2）ER05 主继电器。

线圈电路：_____
_____
_____

开关电路：_____
_____
_____
_____

3）AM01 熔丝：_____
_____
_____
_____
_____

4）起动开关：_____
_____
_____
_____
_____
_____

【任务实施】 **吉利 EV450 高压无法上电故障诊断与排除**

◎ 实训器材

吉利 EV450 实车、原车电路图、维修手册、万用表、故障诊断仪、绝缘表。

◎ 作业准备

检查举升机，车辆在工位停放周正，铺好车内和车外护套。

◎ 操作步骤

一、确认故障现象

踩下制动踏板，按压车辆 SSB，仪表点亮进入 ON 档，READY 指示灯不点亮，无法上高压电。

扫一扫

吉利 EV450 无法上高压电故障诊断与排除

二、利用故障诊断仪诊断故障

连接故障诊断仪，全车扫描，读取故障码和数据流。车辆下电后，清除故障码；车辆再次上电后，使用诊断仪再次读取故障码并和之前的故障码进行对比，分析故障码的性质。

检测发现车辆 VCU 模块失去通信，如图 3-12 所示。

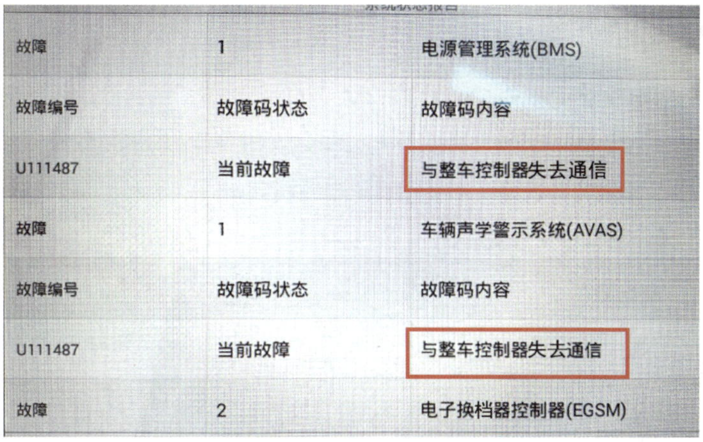

故障	1	电源管理系统(BMS)
故障编号	故障码状态	故障码内容
U111487	当前故障	与整车控制器失去通信
故障	1	车辆声学警示系统(AVAS)
故障编号	故障码状态	故障码内容
U111487	当前故障	与整车控制器失去通信
故障	2	电子换档器控制器(EGSM)

图 3-12　全车扫描故障码

三、故障检测

操作示意图	操作方法	操作标准
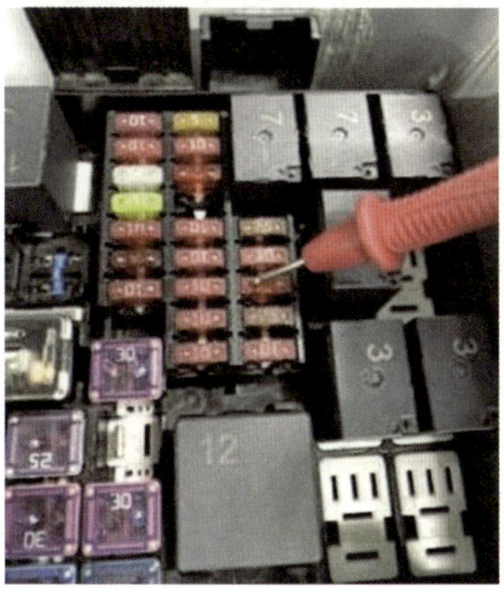	测量 EF19 熔丝上游对地电压	上电状态下应为充电电压（13V 或更高）

（续）

操作示意图	操作方法	操作标准
	测量 EF19 熔丝下游对地电压	上电状态下应为充电电压（13V 或更高）
	车辆下电，测量 EF29 熔丝上游对地电压	下电状态下应为辅助蓄电池静态电压（12V 左右）
	车辆下电，测量 EF29 熔丝下游对地电压	
	车辆下电，断开 CA66，测量 EF19 熔丝下游至 CA66/50 电阻	电阻应小于 1Ω

(续)

操作示意图	操作方法	操作标准
	车辆下电，测量 EF29 熔丝下游至 CA66/12 电阻	电阻应小于 1Ω
	车辆下电，测量 CA66/1 至车身接地电阻	

测量数据信息见表 3-1，显示第 5 项不正常。

表 3-1 测量数据信息

序号	检查项目	检测点	检测条件	检测类型	测量值	结果判定
1	EF19	上游对地电压	ON 档	电压	12.8V	OK
2	EF19	下游对地电压	ON 档	电压	12.8V	OK
3	EF29	上游对地电压	OFF 档	电压	12.8V	OK
4	EF29	下游对地电压	OFF 档	电压	12.8V	OK
5	EF29-CA66/12	下游对 CA66/12	OFF 档	电阻	>10kΩ	NG
6	EF19-CA66/50	下游对 CA66/50	OFF 档	电阻	<1Ω	OK
7	CA66/1- 接地	CA66/1	OFF 档	电阻	<1Ω	OK

检测结果分析：

1) EF19 和 EF29 两端电压均正常，如图 3-13 所示。

2) EF29 熔丝下游至 CA66/12 电阻大于 10kΩ，断路，如图 3-14 所示。

3）EF19 熔丝下游至 CA66/50 电阻小于 1Ω，正常，如图 3-15 所示。

4）CA66/1 至车身接地电阻小于 1Ω，正常，如图 3-16 所示。

图 3-13　电压约为辅助　　图 3-14　电阻值大于 10kΩ　　图 3-15　电阻值小于 1Ω（1）　　图 3-16　电阻值小于 1Ω（2）
　　　　蓄电池电压

四、竣工检验

1）修理插接器并重新测量 EF29 熔丝下游至 CA66/12 电阻，小于 1Ω。

2）装复车辆各插接器。

3）重新上电，车辆上电正常，清除故障码后，VCU 可通信。

4）整理、恢复作业场地。

【工作任务单】

吉利 EV450 高压无法上电故障诊断与排除	工作任务单	班级： 姓名：
1. 记录车辆信息					
品牌		整车型号		生产年月	
驱动电机型号		动力蓄电池电量		行驶里程	
车辆识别代号					
2. 作业场地准备					
检查设置隔离栏				□是　□否	
检查设置安全警示牌				□是　□否	
检查灭火器压力、有效期				□是　□否	
安装车辆挡块				□是　□否	
3. 记录故障现象					
4. 使用诊断仪读取故障码、数据流					
故障码					
数据流					

（续）

5. 拆分相关故障电路简图

6. 故障检测				
检测对象	检测条件	检测值	标准值	结果判断

7. 故障确认		
故障点	故障类型	维修措施

8. 竣工检验	
车辆是否正常上电	□是　□否

9. 作业场地恢复	
拆卸车内三件套	□是　□否
拆卸翼子板布	□是　□否
将高压警示牌等放至原位置	□是　□否
清洁、整理场地	□是　□否

【任务评价】

吉利 EV450 高压无法上电故障诊断与排除		实习日期：	
姓名：	班级：	学号：	教师签名：
自评：□熟练 □不熟练	互评：□熟练 □不熟练	师评：□合格 □不合格	
日期：	日期：	日期：	

吉利 EV450 高压无法上电故障诊断与排除【评分细则】							
序号	评分项	得分条件	分值	评分要求	自评	互评	师评
1	安全 /7S/ 态度	□1. 能进行工位 7S 操作 □2. 能进行设备和工具安全检查 □3. 能进行车辆安全防护操作 □4. 能进行工具清洁、校准、存放操作 □5. 能进行三不落地操作	15	未完成1项扣3分	□熟练 □不熟练	□熟练 □不熟练	□合格 □不合格
2	专业技能能力	□1. 能正确确认故障现象 □2. 能规范拆卸线束插接器 □3. 能正确测量电压参数 □4. 能规范使用故障诊断仪读取故障码及数据流 □5. 能正确测量电阻参数	50	未完成1项扣10分	□熟练 □不熟练	□熟练 □不熟练	□合格 □不合格
3	工具及设备的使用能力	□1. 能正确使用故障诊断仪 □2. 能正确使用万用表 □3. 能正确使用拆装工具	10	未完成1项扣4分，扣分不得超过10分	□熟练 □不熟练	□熟练 □不熟练	□合格 □不合格
4	资料、信息查询能力	□1. 能正确查询线束插接器端子含义 □2. 能正确使用维修手册查询资料 □3. 能正确记录查询资料章节及页码 □4. 能正确记录所需维修信息	10	未完成1项扣3分，扣分不得超过10分	□熟练 □不熟练	□熟练 □不熟练	□合格 □不合格
5	数据判断和分析能力	□1. 能判断辅助蓄电池电压是否正常 □2. 能判断检测电压是否正常 □3. 能判断检测电阻是否正常 □4. 能正确分析故障码及数据流	10	未完成1项扣3分，扣分不得超过10分	□熟练 □不熟练	□熟练 □不熟练	□合格 □不合格
6	表单填写及报告撰写能力	□1. 字迹清晰 □2. 语句通顺 □3. 无错别字 □4. 无涂改 □5. 无抄袭	5	未完成1项扣1分	□熟练 □不熟练	□熟练 □不熟练	□合格 □不合格
总分：							

学习情境二

混合动力汽车发动机控制系统的认知及故障检修

混合动力汽车是指由两种或两种以上不同类型的动力源联合驱动的车辆,车辆的行驶动力依据车辆行驶状态由单个动力源单独或多个动力源共同提供。混合动力电动汽车(Hybrid Electrical Vehicle,HEV)是指由两种或两种以上不同类型的动力源作驱动能源,其中至少有一种能提供电能的汽车。

通常所说的混合动力汽车一般指的是油电混合动力电动汽车,即燃油(汽油、柴油)和电能的混合,是由电动机作为发动机的辅助动力驱动的汽车。油电混合动力系统中的能量转换器为发动机和电动机,能量储存系统为油箱和动力蓄电池。本情境以比亚迪秦100混合动力汽车搭载的TB10发动机为例,简述控制系统的组成及工作原理。

任务一 混合动力汽车发动机控制系统的认知

【学习目标】

◎ 知识目标

1)掌握典型混合动力系统的结构和组成。
2)掌握典型混合动力系统的工作原理。

◎ 技能目标

1)具有根据各部分元件原理分析混合动力汽车发动机控制系统结构及控制策略的能力。
2)具有根据车辆电路写出发动机各部件工作过程的能力。

◎ 素养目标

1)培养学生良好的安全意识。
2)培养学生良好的团队合作意识。
3)养成7S的工作习惯。
4)进行实车操作时应遵循安全操作规范,养成精益求精、严谨细致的工作态度。

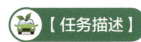
【任务描述】

某 4S 店维修顾问接待了一位客户，客户反映，自己的比亚迪秦 100 汽车发动机无法正常工作，需检修。

【获取信息】

一、混合动力汽车发动机电控系统的认知

比亚迪秦 100 所搭载的 TB10 发动机电控系统主要由传感器、电子控制单元（ECU）、执行器 3 部分组成，对发动机工作时的进气量、喷油量和点火提前角进行控制。基本结构如图 3-17 所示。

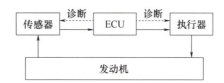

图 3-17　发动机电控系统的组成

TB10 发动机电控系统是一个电子控制的汽油缸内直喷系统，它提供许多有关操作者和车辆或设备方面的控制特性，系统采用开环和闭环（反馈）控制相结合的方式，给发动机的运行提供各种控制信号。

TB10 发动机电控系统结构如图 3-18 所示

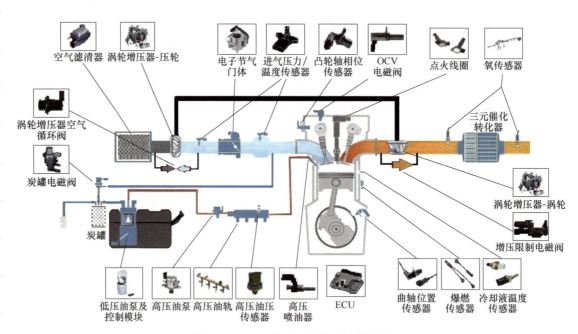

图 3-18　TB10 发动机电控系统结构图

在 TB10 发动机电控系统中，传感器作为输入部分，用于测量各种物理信号（温度、压力等），并将其转化为相应的电信号；ECU 的作用是接受传感器的输入信号，并按设定的程序进行计算处理，产生相应的控制信号输出到功率驱动电路，功率驱动电路通过驱动

各个执行器执行不同的动作,使发动机按照既定的控制策略进行运转;同时 ECU 的故障诊断系统对系统中各部件或控制功能进行监控,一旦探测到故障并确认后,则存储故障码,调用"跛行回家"功能,当探测到故障被消除,则恢复正常使用。其输入和输出信号见表 3-2。

表 3-2 发动机控制系统输入和输出信号

序号	输入信号	输出信号
1	进气压力信号(增压前、后)	电子节气门开度
2	进气温度信号(增压前、后)	高压喷油器的喷油正时和喷油持续时间
3	电子节气门转角信号	高压油泵控制信号
4	冷却液温度信号	低压油泵控制信号
5	发动机转速信号	炭罐控制阀开度
6	凸轮轴相位信号	点火线圈闭合角和点火提前角
7	高压油轨油压信号	空调压缩机继电器
8	爆燃信号	无级风扇控制信号
9	发电机反馈信号	电子水泵继电器
10	加速踏板位置信号	增压压力限制电磁阀
11	离合器开关信号(仅适用于 MT 车型)	空气循环阀
12	氧传感器信号	燃油压力调节阀
13	空调压力信号	OCV 电磁阀
14	制动助力器压力信号	制动真空泵继电器

二、系统组件认知

1. 进气压力/温度传感器

进气压力/温度传感器是由绝对压力传感元件及温度传感元件组成的。

绝对压力传感元件由一片硅芯片组成。在硅芯片上蚀刻出一片压力膜片。压力膜片上有 4 块压电电阻,这 4 块压电电阻作为应变元件组成一惠斯顿电桥。硅芯片上除了这个压力膜片以外,还集成了信号处理电路。硅芯片跟一个金属壳体组成一个封闭的参考空间,参考空间内的气体绝对压力接近于零。这样就形成了一个微电子机械系统。硅芯片的活性面上经受着一个接近于零的压力,它的背面上经受着通过 1 根接管引入的、待测的进气绝对压力。硅芯片的厚度只有几微米(μm),所以进气绝对压力的改变会使硅芯片发生机械变形,造成其电阻值改变。通过硅芯片的信号处理电路处理后,形成与压力呈线性关系的电压信号。

进气温度传感元件是一个负温度系数(NTC)的电阻,电阻随进气温度变化,此传感器输送给控制器一个表示进气温度变化的电压。进气压力/温度传感器结构如图 3-19 所示。

在 TB10 系统中,共采用两个进气压力/温度传感器,分别是进气总管压力/温度传感器和进气歧管压力/温度传感器,如图 3-20 所示。

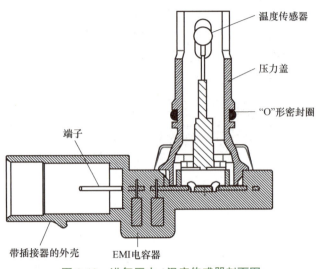

图 3-19　进气压力/温度传感器剖面图

图 3-20　进气压力/温度传感器

进气总管压力/温度传感器装在增压器后电子节气门前的进气管路内，其电气原理如图 3-21 所示。进气歧管压力/温度传感器装在中冷器后的进气管中，其电气原理如图 3-22 所示。其引脚定义如图 3-23 所示。

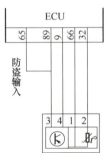

图 3-21　进气总管压力/温度传感器电气原理图

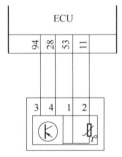

图 3-22　进气歧管压力/温度传感器电气原理图

2. 冷却液温度传感器

冷却液温度传感器实质是一个负温度系数（NTC）的热敏电阻，其电阻值随冷却液温度上升而减小，两者间呈非线性关系。在 TB10 系统中，分别在发动机出水口及散热器出水口安装一个冷却液温度传感器，两传感器型号相同，如图 3-24 所示。

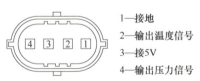

1—接地
2—输出温度信号
3—接5V
4—输出压力信号

图 3-23　进气压力/温度传感器引脚定义

图 3-24　冷却液温度传感器

发动机冷却液温度传感器安装在发动机冷却液出口，其电气原理如图 3-25 所示，散热器出口冷却液温度传感器安装在散热器出水口，其电气原理如图 3-26 所示。其引脚定义见图 3-27。

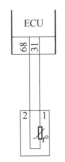
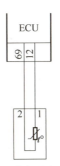

图 3-25　发动机冷却液温度传感器电气原理　　图 3-26　散热器出口冷却液温度传感器电气原理

1—5V电源
2—接地

图 3-27　冷却液温度传感器引脚定义

3. 氧传感器

本系统所使用的氧传感器（LSF）是平面型氧传感器，是从指型氧传感器（LSH）发展而来的。LSF 采用丝网印刷技术把各个功能层（内外电极、加热元件等）叠在一起，成为片状。氧传感器核心元件是二氧化锆（ZrO_2）电解质，在高温时能使氧气发生电离，产生氧离子。陶瓷管一侧通排气歧管的废气，一侧通大气，由于两侧氧浓度相差悬殊，因此当发生电离时，在管壁内、外侧之间产生电势差，即信号电压，其结构如图 3-28 所示。

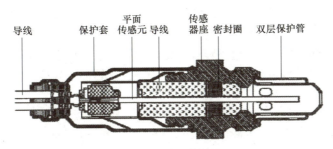

图 3-28　氧传感器结构图

若混合气体偏浓，则陶瓷管内外氧离子浓度差较高，电势差偏高，大量的氧离子从内侧移到外侧，输出电压较高（800~1000mV）；若混合气偏稀，则陶瓷管内外氧离子浓度差较低，电势差较低，仅有少量的氧离子从内侧移到外侧，输出电压较低（接近 100mV）。信号电压在理论当量空燃比（$\lambda=1$）附近发生突变，其电压特性曲线如图 3-29 所示。

本系统所使用的上游氧传感器与下游氧传感器采用相同的型号，外观如图 3-30 所示。

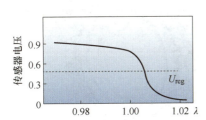

$\lambda<1$：混合气浓（氧不足）；$\lambda>1$：混合气稀（氧过量）

图 3-29　600℃时氧传感器电压特性曲线

图 3-30　氧传感器

上游氧传感器安装在排气管三元催化转化器前端，怠速时的变化次数≥4次/10s，怠速时的变化范围为0~900mV，电气原理如图3-31所示。下游氧传感器安装在排气管三元催化转化器后端，怠速时的变化范围为0~1V，电气原理如图3-32所示。其引脚定义如图3-33所示。

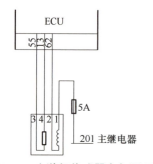

图3-31 上游氧传感器电气原理图

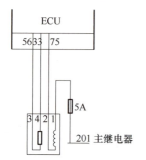

图3-32 下游氧传感器电气原理图

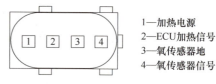

图3-33 氧传感器引脚定义

4. 曲轴位置传感器

曲轴位置传感器是霍尔传感器。信号轮装在曲轴上，随曲轴旋转。信号轮上共有60个齿，其中两个是缺齿。当信号轮上各齿依次经过霍尔传感器时，霍尔传感器内部磁场发生变化，从而使输出的信号电压产生变化，输出脉冲信号，其波形如图3-34所示。ECU根据各齿位脉冲信号，结合缺齿信号识别各缸上止点，计算曲轴转角，还可以得到发动机的转速。

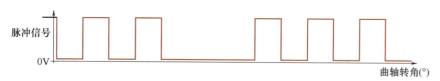

图3-34 曲轴齿位脉冲信号波形

曲轴位置传感器与一个附属的密封圈集成在一起。曲轴位置传感器、密封圈与信号轮之间的装配关系如图3-35所示。

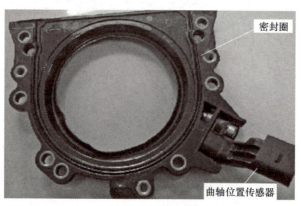

图3-35 曲轴位置传感器

曲轴位置传感器安装在曲轴后端盖信号轮平面上，其电气原理如图 3-36 所示。

5. 相位传感器

相位传感器也是霍尔传感器，如图 3-37 所示。

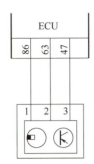

图 3-36　曲轴位置传感器电气原理图

图 3-37　相位传感器

与相位传感器配合的信号轮装在凸轮轴上，随凸轮轴旋转。信号轮上有 4 个齿，其中两个小齿，两个大齿。当信号轮上各齿依次经过霍尔传感器时，霍尔传感器内部磁场发生变化，从而使输出的信号电压产生变化。相位传感器信号结合曲轴位置传感器信号，即可得到 1 缸压缩上止点位置。另外，相位传感器信号也用于可变气门正时（VVT）的反馈调节，使进气相位控制更精确。其电气原理和信号如图 3-38 所示，图中，OP（Operating Point）是指电信号的下降沿；RP（Release Point）是指电信号的上升沿。

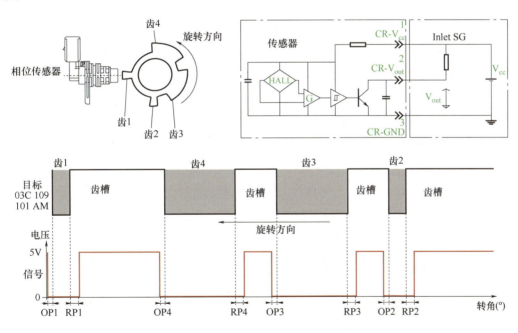

图 3-38　相位传感器电气原理和信号图

相位传感器安装在凸轮轴端，其电气原理图如图 3-39 所示。引脚定义如图 3-40 所示。

6. 爆燃传感器

如图 3-41 所示，爆燃传感器里封装了一个压电陶瓷，压电陶瓷具有压电效应，当发动机负荷、转速、冷却液温度分别超过门槛值时，而且爆燃传感器没有故障记录，发动机进入爆燃闭环控制。

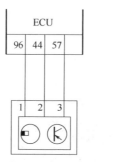

图 3-39　相位传感器电气原理图　　　　图 3-40　相位传感器引脚定义

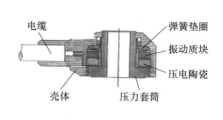

图 3-41　爆燃传感器结构图

发动机产生爆燃现象时，传感器产生与无爆燃时相比幅值、频率都较大的输出电压，经过滤波和放大后输出给 ECU。ECU 对爆燃信号进行积分，当在一定的曲轴转角内的积分值超过门槛值时，ECU 判定发动机处于爆燃状态，会将点火提前角减小一个特定角度，如果下一循环再次出现爆燃，则再将点火提前角减小一个特定的角度，直至发动机不再出现爆燃为止，之后再逐步将点火提前角恢复到正常值。

爆燃传感器安装在发动机 2、3 缸之间的机体上，其电气原理图如图 3-42 所示。引脚定义如图 3-43 所示。

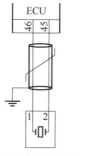
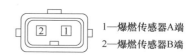

图 3-42　爆燃传感器电气原理图　　　　图 3-43　爆燃传感器引脚定义

7. 加速踏板位置传感器

加速踏板位置传感器检测加速踏板的位置并将信号传递给 ECU。加速踏板位置传感器是一个无触点的双电位器传感器，其电位器电路图如图 3-44 所示，由 ECU 供给 5V 电压，由于 2 个电位器是同相安装的，当加速踏板位置发生变化时，其电阻值同时线性增加或减小。2 个加速踏板位置传感器向 ECU 发出 2 路反映加速踏板位置的电压信号，传感器 1 的电压信号是传感器 2 的电压信号的 2 倍。ECU 根据此信号，可对驾驶人期望的转矩需求进行计算，经 ECU 内部统一协调后，控制电子节气门工作。ECU 收到加速踏板位置传感器信号后管理怠速、加速、减速、中断喷射等功能。

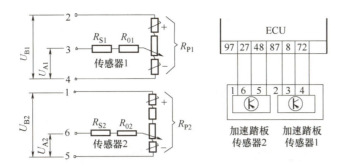

图 3-44　加速踏板位置传感器电位器电路图

加速踏板位置传感器安装在加速踏板的轴承座上，其外观及引脚定义见图 3-45。

1—加速踏板位置传感器2电源
2—加速踏板位置传感器1电源
3—加速踏板位置传感器1信号
4—加速踏板位置传感器1接地
5—加速踏板位置传感器2接地
6—加速踏板位置传感器2信号

图 3-45　加速踏板位置传感器及其引脚定义

8. 电子节气门总成

节气门蝶阀的位置受电动机控制，发动机控制单元中定位控制模块控制电动机旋转，该产品中装有两个非接触式位置传感器，可以实时监测蝶阀位置，系统根据它输出的信号值及其变化速率判定发动机实时负载和动态变化状况，如图 3-46 所示。在断电的情况下，蝶阀受回位弹簧及转矩弹簧的共同作用保持在初始位置。其主要由节气阀门、齿轮传动、回位机构、直流电动机、传感器插接头等部件组成。

电子节气门安装在发动机进气管路上，其引脚定义如图 3-47 所示。

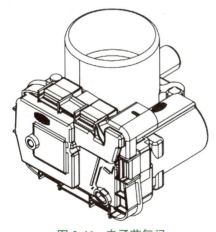 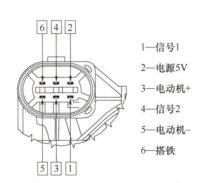

1—信号1
2—电源5V
3—电动机+
4—信号2
5—电动机-
6—搭铁

图 3-46　电子节气门　　　图 3-47　电子节气门引脚定义

9. OCV 电磁阀

发动机 ECU 根据曲轴位置传感器、进气压力信号、节气门位置传感器、凸轮轴位置传感器、冷却液温度传感器和车速信号，计算最优进气门正时，控制机油控制阀的位置，使 VVT 控制器产生提前、滞后或保持动作，从而改变配气相位。OCV 电磁阀外观如

图 3-48 所示。

此外,发动机 ECU 根据来自凸轮轴位置传感器和曲轴位置传感器的信号检测实际的气门正时,从而尽可能地进行反馈控制,以获得预定的气门正时。

10. GDI 喷油器

喷油器用于向气缸内喷射燃油,其外观如图 3-49 所示。

图 3-48　OCV 电磁阀

图 3-49　GDI 喷油器

当其工作时,ECU 发出电脉冲给喷油器的线圈,形成磁场力。当磁场力上升到足以克服回位弹簧压力、针阀重力和摩擦力的合力时,针阀开始升起,喷油过程开始。当喷油脉冲截止时,回位弹簧的压力使针阀又关上。其结构如图 3-50 所示。

GDI 喷油器安装在发动机气缸盖靠近进气门一端,上游连接燃油分配管,如图 3-51 所示。

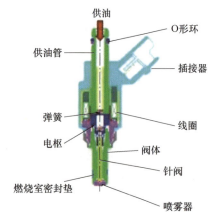

图 3-50　GDI 喷油器结构图

图 3-51　燃油分配管上的喷油器

每个 GDI 喷油器共有两个引脚。其中,在壳体一侧用正号标识的引脚接主继电器输出端;另一个分别接 ECU 的 117、121、118、114 号引脚,其电路如图 3-52 所示。

11. 涡轮增压器空气循环阀与增压压力限制电磁阀

由于涡轮是利用废气排出的力来驱动,当驾驶过程中收加速踏板(如换档、紧急制动时),节气门关闭,涡轮叶片(压气机叶轮)在惯性作用下仍旧持续转动。此时因节气门的截断和叶片的继续增压,进气管路中(在节气门与涡轮之间)的空气压力会迅速提高。为了保护增压系统,当压力达到某一限定值后,涡轮增压器空气循环阀打开,把过剩的空气(压力)导回至滤清器与涡轮之间,来实现降压保护。

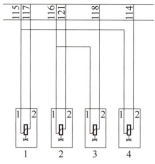

图 3-52　GDI 喷油器电路图

涡轮增压器空气循环阀安装在压气机一侧进气管路中，如图 3-53 所示。

增压压力限制电磁阀通常与发动机控制单元（ECU）配合工作，根据发动机的工况和 ECU 的指令进行控制，当系统中的压力超过设定的阀值时，电磁阀会自动的调节，防止过高的压力损坏系统部件或影响性能。

增压压力限制电磁阀安装在发动机机体附件上，取 3 路气体压力，如图 3-54 所示。

图 3-53　涡轮增压器空气循环阀

图 3-54　增压压力限制电磁阀

12. 点火线圈

本系统中有 4 个点火线圈，均为单火花点火线圈，每个点火线圈的次级（高压端）各接一个气缸，点火顺序为 1—3—4—2，其电气原理如图 3-55 所示。

点火线圈由初级线圈、次级线圈、铁心及外壳等组成，如图 3-56 所示。当某一个初级线圈的接地通道接通时，该初级线圈充电。一旦 ECU 将该初级线圈电路切断，则充电中止，同时在次级线圈中感应出高压电，使火花塞放电。每个气缸都配有一个点火线圈，并安装在火花塞上方。单独点火的优点是省去了高压线，点火能量损耗进一步减少。

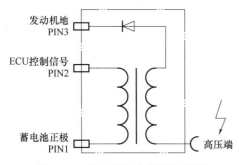

图 3-55　单火花点火线圈电路图

图 3-56　单火花点火线圈

4 个点火线圈均安装在发动机气门室罩上，其引脚含义见表 3-3。

表 3-3　点火线圈各端子引脚含义

气缸编号	端子及含义			
	PIN1	PIN2	PIN3	线圈次级
	蓄电池正极	ECU 控制信号	发动机地	高压端
1# 气缸	车身搭铁	ECU/99#	起动开关	1# 火花塞
2# 气缸		ECU/107#	起动开关	2# 火花塞
3# 气缸		ECU/98#	起动开关	3# 火花塞
4# 气缸		ECU/106#	起动开关	4# 火花塞

13. 炭罐电磁阀

蒸发排放控制系统中使用活性炭罐吸收来自油箱的油蒸气,直至油蒸气饱和。当车辆工作时,ECU 控制炭罐电磁阀打开,新鲜空气与炭罐中饱和油蒸气形成再生气流,重新引入发动机进气管。阀内设有电磁线圈,根据发动机不同工况,电子控制器改变输送给电磁线圈脉冲信号的占空比,从而改变阀的开度。此外,阀的开度还受阀两端压力差的影响。

如图 3-57 所示,炭罐内活性炭过滤器收集油箱燃油蒸气,送入发动机进气管的气流量由炭罐电磁阀来计量。它由电子控制器发出的脉冲来控制,开启的持续时间和频率必须和发动机的工况相适应。

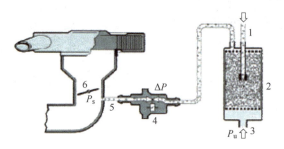

图 3-57 蒸发排放控制系统及炭罐电磁阀原理
1—来自油箱 2—炭罐 3—大气 4—炭罐电磁阀 5—通往进气歧管 6—节气门
ΔP 为环境压力 P_u 与进气歧管压力 P_s 之差

炭罐电磁阀只有两个引脚,一个接主继电器输出端 201 号引脚,另一个接 ECU 的 78 号引脚,如图 3-58 所示。

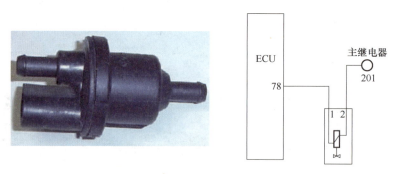

图 3-58 炭罐电磁阀及其系统电路图

14. 电子控制单元

电子控制单元,又称"行车电脑""车载电脑""ECU(Electronic Control Unit)"等。它和普通的电脑一样,由微控制器(MCU)、存储器(ROM、RAM)、输入/输出接口(I/O)、模数转换器(A/D)以及整形、驱动等大规模集成电路组成。主要用于采集传感器信号,按照预先设置好的程序,经过运算后控制执行器做出动作,从而控制发动机正常运行。其电气原理如图 3-59 所示。

TB10 系统的 ECU 安装在发动机舱辅助蓄电池侧,其外观如图 3-60 所示。

在 TB10 发动机控制系统中,其主要功能包括控制多点顺序缸内直接喷射、控制点火、怠速控制、提供传感器供电电源(5V/100mA)、λ 闭环控制(尾气检测反馈)、带自适应增压控制、进气凸轮相位调节控制、增压压力保护控制、燃油定量修正、发动机转速信号的输出、车速信号的输入、故障自诊断、接受发动机负荷信号等。

图 3-59 电子控制单元电气原理示意图

图 3-60 电子控制单元外观

其本体插接器端示意图如图 3-61 所示。

ECU插接器端示意图

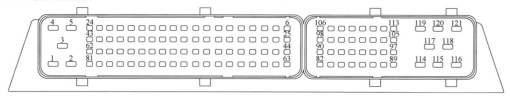

图 3-61　电子控制单元插接器端示意图

各端子功能及含义见表 3-4。

表 3-4　电子控制单元引脚定义

引脚	连接点	类型	引脚	连接点	类型
1	燃油压力调节阀	输出	26	—	空脚
2	功率地 1	地	27	加速踏板位置传感器信号 2	输入
3	非持续电源 1	输入	28	进气歧管压力传感器	输入
4	电子节气门电动机控制 –	输出	29	高压燃油压力传感器	输入
5	电子节气门电动机控制 +	输出	30	—	空脚
6	—	空脚	31	发动机冷却液温度传感器	输入
7	—	空脚	32	进气总管气体温度传感器	输入
8	加速踏板位置传感器信号 1	输入	33	下游氧传感器	输入
9	进气总管压力传感器信号	输入	34	—	空脚
10	—	空脚	35	离合器开关	输入
11	进气歧管温度传感器	输入	36	制动开关 1	输入
12	散热器出口冷却液温度传感器	输入	37	助力转向开关	输入
13	上游氧传感器	输入	38	发动机反馈信号	输入
14	节气门位置传感器 1	输入	39	CAN 总线接口 CAN-L1	输入\输出
15	—	空脚	40	—	空脚
16	—	空脚	41	车速输出	输出
17	—	空脚	42	—	空脚
18	制动开关 2	输入	43	油泵继电器	输出
19	电子负载 2（后风窗玻璃加热开关）	输入	44	凸轮轴相位传感器	输入
20	CAN 总线接口 CAN-H1	—	45	爆燃传感器 B 端	输入
21	涡轮增压器空气循环阀	输出	46	爆燃传感器 A 端	输入
22	增压压力限压电磁阀	输出	47	曲轴传感器搭铁	地
23	—	空脚	48	加速踏板位置传感器 2 搭铁	地
24	—	空脚	49	—	空脚
25	—	空脚	50	—	空脚

（续）

引脚	连接点	类型	引脚	连接点	类型
51	电子搭铁 1	地	83	—	空脚
52	节气门位置传感器 2	输入	84	—	空脚
53	进气歧管压力传感器信号搭铁	地	85	—	空脚
54	空调请求信号	输入	86	曲轴传感器电源	输入
55	上游氧传感器搭铁	地	87	加速踏板位置传感器 1 电源	输入
56	下游氧传感器搭铁	地	88	电子节气门传感器电源 +5V	输入
57	凸轮轴相位传感器搭铁	地	89	进气歧管压力温度传感器电源	输入
58	电子搭铁 2	地	90	—	空脚
59	电子节气门电动机控制 +	输入	91	—	空脚
60	电子节气门电动机控制 −	输入	92	—	空脚
61	空调允许信号	输入	93	—	空脚
62	上游氧传感器加热信号	输入	94	进气总管歧管压力温度传感器电源	输入
63	发动机转速传感器	输入	95	传感器电源 1	输入
64	车速信号输入	输入	96	传感器电源 2	输入
65	防盗输入	输入	97	加速踏板位置传感器 2 电源	输入
66	进气总管压力温度传感器搭铁	地	98	点火信号 3	输入
67	—	空脚	99	点火信号 1	输入
68	冷却液温度传感器搭铁	地	100	功率搭铁 2	空脚
69	散热器出口冷却液温度信号搭铁	地	101	CAN 总线接口 CAN-L	输入\输出
70	高压燃油压力传感器搭铁	地	102	主继电器	输出
71	节气门位置传感器信号搭铁	地	103	功率搭铁 3	地
72	加速踏板位置传感器 1 搭铁	地	104	功率搭铁 4	地
73	—	空脚	105	LIN 线	空脚
74	冷却液循环泵继电器	输出	106	点火信号 4	输入
75	下游氧传感器加热信号	输入	107	点火信号 2	输入
76	发动机转速输出	输出	108	功率搭铁 5	地
77	—	空脚	109	CAN 总线接口 CAN-H	输入\输出
78	炭罐阀	输出	110	—	空脚
79	无级风扇控制	输出	111	—	空脚
80	—	空脚	112	起动开关	输入
81	OCV 电磁阀	输出	113	持续电源	输入
82	—	空脚	114	喷油器 4（第 4 缸）	输出

(续)

引脚	连接点	类型	引脚	连接点	类型
115	喷油高边 1	输出	119	非持续电源 2	输入
116	喷油高边 2	输出	120	非持续电源 3	输入
117	喷油器 1（第 1 缸）	输出	121	喷油器 2（第 2 缸）	输出
118	喷油器 3（第 3 缸）	输出			

三、系统功能

发动机控制系统主要包含以下功能。

1. 起动控制

在起动过程中，采用进气行程喷射的形式。

燃油喷射量根据发动机的温度而变化，特定的"喷油正时"被指定为初始喷射脉冲，当发动机达到一定转速前，加浓混合气。

一旦发动机开始运行，系统立即开始减少起动加浓，直到起动工况结束时完全取消起动加浓；当发动机转速超过某一限值（如 1200r/min）后，喷油正时改为压缩上止点附近喷射。

在起动工况下点火提前角也不断调整，随发动机温度、进气温度和发动机转速而变。

2. 暖机和三元催化转化器的加热控制

发动机在低温起动后，气缸充量、燃油喷射和电子点火都被调整以补偿发动机更高的转矩要求；该过程继续进行直到升到适当的温度阈值。

在该阶段中，最重要的是三元催化转化器的快速加热，因为迅速过渡到三元催化转化器开始工作可大大减少废气排放。在此工况下，采用适度推迟点火提前角的方法利用废气进行"三元催化转化器加热"。

3. 加、减速和倒拖断油控制

加、减速：在加、减速实施时，基于转矩模型，对燃油喷射量及喷射时刻进行实时调整，进行加速加浓、减速减稀、减速断油的控制，以确保动力响应灵敏。

如减速断油处理发生在倒拖或牵引工况，即指发动机在飞轮处提供的功率是负值的情况。在这种情况下，发动机的摩擦和泵气损失可用来使车辆减速。当发动机处于倒拖或牵引工况时，喷油被切断以减少燃油消耗和废气排放，更重要的是保护三元催化转化器。

一旦转速下降到怠速以上特定的恢复供油转速时，喷油系统重新供油。恢复喷油后，转矩为主的控制系统使发动机转矩的增加缓慢而平稳（平缓过渡）。

4. 怠速控制

怠速时，发动机不提供转矩给飞轮。为保证发动机在尽可能低的怠速下稳定运行，闭环怠速控制系统必须维持产生的转矩与发动机"功率消耗"之间的平衡。怠速时需要产生一定的功率，以满足各方面的负荷要求。它们包括来自发动机曲轴和配气机构以及辅助部件的内部摩擦。

TB10 系统以转矩为主控制策略，依据闭环怠速控制来确定在任何工况下维持要求的怠速转速所需的发动机输出转矩。该输出转矩随着发动机转速的降低而升高，随发动机转速的升高而降低。系统通过要求更大转矩以响应新的"干扰因素"，如空调压缩机的开停、助力转向开启等。在发动机温度较低时，为了补偿更大的内部摩擦损失和维持更高的怠速转速，也需要增加转矩。所有这些输出转矩要求的总和被传递到转矩协调器，转矩协调器进行处理计算，得出相应的充量密度、混合气成分和点火正时。

5. λ 闭环控制

三元催化转化器的排气后处理是降低废气中有害物质浓度的有效方法。三元催化转化器可降低碳氢（HC）、一氧化碳（CO）和氮氧化物（NO_x）达98%或更多，把它们转化为水（H_2O）、二氧化碳（CO_2）和氮气（N_2）。不过只有在发动机过量空气系数 $\lambda=1$ 附近很狭窄的范围内才能达到这样高的效率，λ 闭环控制的目标就是保证混合气浓度在此范围内。

λ 闭环控制系统只有配备氧传感器才能起作用。氧传感器在三元催化转化器侧的位置监测废气中的氧含量，稀混合气（$\lambda>1$）产生约100mV的传感器电压，浓混合气（$\lambda<1$）产生约800mV的传感器电压。当 $\lambda=1$ 时，传感器电压有一个跃变。λ 闭环控制对输入信号做出响应（$\lambda>1$ 时混合气过稀，$\lambda<1$ 时混合气过浓）修改控制变量，产生修正因子作为乘数以修正喷油持续时间。

6. 蒸发排放控制

由于外部辐射热量和回油热量传递的原因，油箱内的燃油被加热，并形成燃油蒸汽。由于受到蒸发排放法规的限制，这些含有大量HC成分的蒸汽不允许直接排入大气中。在系统中燃油蒸汽通过导管被收集在活性炭罐中，并在适当的时候通过冲洗进入发动机参与燃烧过程。冲洗气流的流量是由ECU控制炭罐电磁阀来实现的。

7. 高压油泵控制

高压燃油压力闭环控制，TB10系统依据预设MAP调节燃油压力调节阀，通过高压油轨油压传感器进行闭环修正，使当前油压与发动机负荷相符。高压油泵为机械泵，通过凸轮轴传动，通过燃油压力调节阀可控制进入高压油泵油量的多少，从而实现高压油轨中油压的稳定；限压阀集成在高压油泵中，当燃油压力超过预设值时（如200bar），实现机械泄压，燃油回送到低压油路中。

8. 增压压力限制控制

TB10系统基于转矩模型，依据当前发动机转速、负荷要求，对增压压力限制阀进行脉宽控制，调节流过涡轮的废气量，从而有效控制进气增压压力，使之与当前转矩需求相适应。

9. 增压空气循环控制

当发动机工况急剧变化或其他因素引起增压压力急剧上升时，TB10系统控制空气循环电磁阀，使增压前后气体导通，保持压力平衡。该控制可有效避免收油时产生气体噪声和造成叶轮击伤，同时可防止压腔内压力背压过高，造成倒拖制动或器件损坏。

10. 可变进气相位控制

系统基于转矩模型，依据当前发动机转速、负荷，控制OCV电磁阀，使当前进气相位与最佳进气相位map相符；同时进气相位控制与凸轮轴信号形成闭环控制，确保系统控制精度。进气相位可变系统可有效平衡发动机高低速转换的燃油效率和输出性能，使整车效能最大化。

11. 增压器冷却系统控制

涡轮增压器由于长时间处于高温环境中，热量积累较为严重；在发动机停止工作后，其机械水泵停止工作，此时为有效保护增压器，需额外给予增压器冷却。系统具备电子水泵延时关闭功能，即在发动机停止工作后，电子水泵持续运行一段时间（如8min），以此确保增压器热量耗散，实施保护。

【学习任务单】

混合动力汽车发动机控制系统的认知	学习任务单	班级： 姓名：

1. 比亚迪秦 100 所搭载的 TB10 发动机电控系统主要由 _____、_____、_____ 3 部分组成，对发动机工作时的进气量、喷油量和点火提前角进行控制。

2. 请简述下面各部分的主要作用。
传感器：_____
电子控制单元（ECU）：_____
执行器：_____

3. 在 TB10 发动机电控系统中，ECU 主要功能包括：_____
_____
_____
_____

4. 发动机电控系统主要包含哪些功能：_____
_____
_____
_____

5. 电子控制单元主要有哪些部分组成：_____
_____
_____

【任务实施】比亚迪秦 100 发动机控制系统电路图及维修手册的识读

◎ 实训器材

比亚迪秦 100 原车电路图、维修手册。

◎ 作业准备

熟悉比亚迪秦 100 原车电路图的识读方法。

◎ 操作步骤

一、确认比亚迪秦 100 发动机控制系统各部件电路图位置

1. 打开 PDF 版比亚迪秦 100 电路图。
2. 用电路图左侧"书签及查找"或右侧的"查找"功能，输入关键词可快速确定页码位置。

二、分析比亚迪秦 100 发动机控制系统各元件工作原理

根据比亚迪秦 100 电路图，结合维修手册，分析各元件工作原理，并完成工作任务单相关内容。

项目三 能量供给控制系统的认知及故障检修

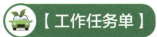【工作任务单】

比亚迪秦100发动机控制系统电路图及维修手册的识读	工作任务单	班级： 姓名：
元件1：电子节气门总成		
元件位置		
电路图页码		
插接器代号		
引脚编号		功能及含义

简要表达元件的工作过程：

元件2：进气压力/温度传感器		
元件位置		
电路图页码		
插接器代号		
引脚编号		功能及含义

简要表达元件的工作过程：

元件3：（自选）		
元件位置		
电路图页码		
插接器代号		
引脚编号		功能及含义

简要表达元件的工作过程：

133

【任务评价】

比亚迪秦100发动机控制系统电路图及维修手册的识读		实习日期：	
姓名：	班级：	学号：	教师签名：
自评：□熟练 □不熟练	互评：□熟练 □不熟练	师评：□合格 □不合格	
日期：	日期：	日期：	

比亚迪秦100发动机控制系统电路图及维修手册的识读【评分细则】

序号	评分项	得分条件	分值	评分要求	自评	互评	师评
1	专业技能能力	□1. 能正确检索元件相关信息 □2. 能正确查找各元件端子编号及含义 □3. 能正确分析工作原理	60	未完成1项扣20分	□熟练 □不熟练	□熟练 □不熟练	□合格 □不合格
2	工具及设备的使用能力	□1. 能正确查阅电路图 □2. 能正确查阅维修手册	15	未完成1项扣10分，扣分不超过15分	□熟练 □不熟练	□熟练 □不熟练	□合格 □不合格
3	资料、信息查询能力	□1. 能正确查询线束插接器端子含义 □2. 能正确使用维修手册、电路图查询资料 □3. 能正确使用设备说明书查询资料 □4. 能正确记录所需查询信息	10	未完成1项扣3分，扣分不得超过10分	□熟练 □不熟练	□熟练 □不熟练	□合格 □不合格
4	数据判断和分析能力	□能结合电路图及维修手册分析工作原理	10	未完成1项扣10分	□熟练 □不熟练	□熟练 □不熟练	□合格 □不合格
5	表单填写及报告撰写能力	□1. 字迹清晰 □2. 语句通顺 □3. 无错别字 □4. 无涂改 □5. 无抄袭	5	未完成1项扣1分	□熟练 □不熟练	□熟练 □不熟练	□合格 □不合格
总分：							

任务二　混合动力汽车发动机控制系统的故障检修

【学习目标】

◎ 知识目标

1）掌握比亚迪秦100发动机控制系统的典型故障类型。
2）掌握比亚迪秦100发动机控制系统的故障诊断思路。

◎ 技能目标

1）具有根据各部分元件原理分析比亚迪秦 100 发动机控制系统故障范围的能力。

2）具有根据车辆电路结合检测设备进行比亚迪秦 100 发动机控制系统故障诊断的能力。

◎ 素养目标

1）培养学生良好的安全意识。

2）培养学生良好的团队合作意识。

3）养成 7S 的工作习惯。

4）进行实车操作时应遵循安全操作规范，以培养学生精益求精、严谨细致的工作态度。

【任务描述】

某 4S 店维修顾问接待了一位客户，客户反映，自己的比亚迪秦 100 汽车发动机无法正常工作。

【获取信息】

发动机故障诊断一般流程（以 TB10 发动机为例）

1. 初步检查

在开始根据发动机故障现象进行故障诊断的步骤之前，应首先进行初步检查：

1）确认发动机故障指示灯是否正常工作。

2）用故障诊断仪检查，确认是否有故障信息记录。

3）确认车主投诉的故障现象存在，并确认该故障出现的条件。

2. 外观检查

1）检查燃油管路是否有泄漏现象。

2）检查真空管路是否有断裂、扭结，连接是否正确。

3）检查进气管路是否堵塞、漏气、被压扁或损坏。

4）检查点火线圈的外观，是否有鼓包、烧熔，点火顺序是否正确。

5）检查冷却系统管路是否堵塞、漏水。

6）检查增压器的外观有无擦伤，涡轮轴组件是否能自由转动，叶轮有无因冲击而损坏的现象。

7）检查涡轮壳和相关管路接头是否有废气泄漏，进气系统有无泄漏。

8）检查线束接地处是否干净、牢固。

9）检查各传感器、执行器插头是否有松动或接触不良的情况。

> **重要提示：**
> 如上述现象存在，先针对该故障现象进行维修作业，否则将影响后面的故障诊断维修工作。

3. 故障现象确认

故障现象应包含车辆仪表现象、诊断仪故障码、发动机是否起动、（冷态 / 热态）是否运转正常等，现象采集应完整、验证过程应全面。

TB10 发动机系统故障码及含义见表 3-5。

表 3-5 TB10 发动机系统故障码及含义

序号	故障码	故障描述
1	P0010	凸轮轴调节阀控制电路开路故障
2	P0016	进气相位偏差过大
3	P0030	前氧加热控制电路开路故障
4	P0031	前氧加热控制电路低电压故障
5	P0032	前氧加热控制电路高电压故障
6	P0033	涡轮增压旁通阀控制电路开路故障
7	P0034	涡轮增压旁通阀控制电路低电压故障
8	P0035	涡轮增压旁通阀控制电路高电压故障
9	P0036	后氧加热控制电路开路故障
10	P0037	后氧加热控制电路低电压故障
11	P0038	后氧加热控制电路高电压故障
12	P0089	燃油压力调节阀控制电路故障
13	P0097	增压气体温度传感器电路低电压故障
14	P0098	增压气体温度传感器电路高电压故障
15	P0107	进气压力传感器电路低电压故障
16	P0108	进气压力传感器电路高电压故障
17	P0112	进气温度传感器电路低电压故障
18	P0113	进气温度传感器电路高电压故障
19	P0117	冷却液温度传感器电路低电压故障
20	P0118	冷却液温度传感器电路高电压故障
21	P0121	节气门位置传感器不合理故障
22	P0122	节气门位置传感器 A 电路低电压故障
23	P0123	节气门位置传感器 A 电路高电压故障
24	P0131	前氧传感器电路低电压故障
25	P0132	前氧传感器电路高电压故障
26	P0134	前氧传感器电路开路故障
27	P0137	后氧传感器电路低电压故障
28	P0138	后氧传感器电路高电压故障
29	P0140	后氧传感器电路开路故障
30	P0192	燃油压力传感器电路低电压故障
31	P0193	燃油压力传感器电路高电压故障
32	P0201	1# 喷油器控制电路开路故障
33	P0202	2# 喷油器控制电路开路故障
34	P0203	3# 喷油器控制电路开路故障
35	P0204	4# 喷油器控制电路开路故障
36	P0221	节气门位置传感器信号不合理故障
37	P0222	节气门位置传感器 B 电路低电压故障

(续)

序号	故障码	故障描述
38	P0223	节气门位置传感器 B 电路高电压故障
39	P0226	踏板位置传感器信号不合理故障
40	P0227	踏板位置传感器 1 电路低电压故障
41	P0228	踏板位置传感器 1 电路高电压故障
42	P0236	增压压力传感器信号不合理故障
43	P0237	增压压力传感器电路低电压故障
44	P0238	增压压力传感器电路高电压故障
45	P0261	1#喷油器低边低电压故障
46	P0262	1#喷油器低边高电压故障
47	P0263	1#喷油器低边与高边短路故障
48	P0264	2#喷油器低边低电压故障
49	P0265	2#喷油器低边高电压故障
50	P0266	2#喷油器低边与高边短路故障
51	P0267	3#喷油器低边低电压故障
52	P0268	3#喷油器低边高电压故障
53	P0269	3#喷油器低边与高边短路故障
54	P0270	4#喷油器低边低电压故障
55	P0271	4#喷油器低边高电压故障
56	P0272	4#喷油器低边与高边短路故障
57	P0300	单缸或多缸失火
58	P0301	1 缸失火发生
59	P0302	2 缸失火发生
60	P0303	3 缸失火发生
61	P0304	4 缸失火发生
62	P0335	曲轴传感器电路无信号故障
63	P0336	曲轴传感器信号不合理故障
64	P0340	凸轮轴传感器无信号故障
65	P0341	凸轮轴传感器信号不合理故障
66	P0351	1#点火线圈控制电路开路故障
67	P0352	2#点火线圈控制电路开路故障
68	P0353	3#点火线圈控制电路开路故障
69	P0354	4#点火线圈控制电路开路故障
70	P0444	炭罐电磁阀控制电路开路故障
71	P0458	炭罐电磁阀控制电路低电压故障
72	P0459	炭罐电磁阀控制电路高电压故障
73	P0476	增压压力限制电磁阀控制电路开路故障
74	P0477	增压压力限制电磁阀控制电路低电压故障

(续)

序号	故障码	故障描述
75	P0478	增压压力限制电磁阀控制电路高电压故障
76	P0480	无级风扇控制电路开路故障
77	P0562	系统电压过低
78	P0563	系统电压过高
79	P0620	交流发电机负荷故障
80	P0627	油泵控制电路开路故障
81	P0628	油泵控制电路低电压故障
82	P0629	油泵控制电路高电压故障
83	P0633	ECM 与防盗系统认证失败
84	P0645	空调允许控制电路开路故障
85	P0646	空调允许控制电路低电压故障
86	P0647	空调允许控制电路高电压故障
87	P0691	无级风扇控制电路低电压故障
88	P0692	无级风扇控制电路高电压故障
89	P1601	无级风扇电动机堵转，短路等故障
90	P1602	无级风扇过温保护，电子错误等故障
91	P1611	ECM 内部故障 1
92	P1612	ECM 内部故障 2
93	P1613	ECM 内部故障 3
94	P1614	ECM 内部故障 4
95	P1615	ECM 内部故障 5
96	P1616	ECM 内部故障 6
97	P1617	ECM 内部故障 7
98	P1618	ECM 内部故障 8
99	P1621	中冷冷却系统故障
100	P2088	凸轮轴调节阀控制电路低电压故障
101	P2089	凸轮轴调节阀控制电路高电压故障
102	P2100	节气门电动机控制电路开路故障
103	P2102	节气门电动机控制电路低电压故障
104	P2103	节气门电动机控制电路高电压故障
105	P2118	节气门调整故障或控制电路开路故障
106	P2119	节气门体机械故障
107	P2121	踏板位置传感器信号不合理故障
108	P2122	踏板位置传感器 2 电路低电压故障
109	P2123	踏板位置传感器 2 电路高电压故障
110	P2147	1# 喷油器高边低电压故障
111	P2148	1# 喷油器高边高电压故障

(续)

序号	故障码	故障描述
112	P2150	2#喷油器高边低电压故障
113	P2151	2#喷油器高边高电压故障
114	P2184	散热器出口冷却液温度传感器电路低电压故障
115	P2185	散热器出口冷却液温度传感器电路高电压故障
116	P2227	大气压力传感器信号不合理
117	P2228	大气压力传感器电路低电压故障
118	P2229	大气压力传感器电路高电压故障
119	P2300	1#点火线圈控制电路低电压故障
120	P2301	1#点火线圈控制电路高电压故障
121	P2303	2#点火线圈控制电路低电压故障
122	P2304	2#点火线圈控制电路高电压故障
123	P2306	3#点火线圈控制电路低电压故障
124	P2307	3#点火线圈控制电路高电压故障
125	P2309	4#点火线圈控制电路低电压故障
126	P2310	4#点火线圈控制电路高电压故障
127	P2600	冷却泵控制电路开路故障
128	P2602	冷却泵控制电路低电压故障
129	P2603	冷却泵控制电路高电压故障
130	U0121	ECM与ABS故障
131	U0164	ECM与空调控制器通信失败
132	U0168	ECM与Keyless故障

4. 常见故障现象及部位

现将TB10系统常见故障现象及引起该现象的故障部位总结如下：

（1）起动时，发动机不转或转动缓慢　一般故障部位：蓄电池、起动电机、线束或起动开关、前舱配电盒及仪表配电盒中的熔丝或继电器、发动机机械部分。

（2）起动时，发动机可以拖转但不能成功起动　一般故障部位：油箱无油、高压油泵、低压油泵、转速传感器、点火线圈、前舱配电盒及仪表配电盒中的熔丝或继电器、发动机机械部分。

（3）热车起动困难　一般故障部位：燃油含水、高压油泵、低压油泵、冷却液温度传感器、点火线圈。

（4）冷车起动困难　一般故障部位：燃油含水、高压油泵、低压油泵、冷却液温度传感器、喷油器、点火线圈、电子节气门、发动机机械部分。

（5）转速正常，任何时候均起动困难　一般故障部位：燃油含水、高压油泵、低压油泵、冷却液温度传感器、喷油器、点火线圈、电子节气门总成、进气道、点火正时、火花塞、发动机机械部分。

（6）起动正常，但任何时候都怠速不稳　一般故障部位：燃油含水、喷油器、火花塞、电子节气门阀体总成、进气道、点火正时、火花塞、发动机机械部分。

（7）起动正常，暖机过程中怠速不稳　一般故障部位：燃油含水、冷却液温度传感器、火花塞、电子节气门、进气道、发动机机械部分。

(8）起动正常，暖机结束后怠速不稳　一般故障部位：燃油含水、冷却液温度传感器、火花塞、电子节气门、进气道、发动机机械部分。

(9）起动正常，部分负荷（如开空调）时怠速不稳或熄火　一般故障部位：空调系统、电子节气门、喷油器。

(10）起动正常，怠速过高　一般故障部位：电子节气门阀体总成、真空管、冷却液温度传感器、点火正时。

(11）加速时转速上不去或熄火　一般故障部位：燃油含水、进气压力传感器、火花塞、电子节气门阀体总成、进气道、怠速调节器、喷油器、点火正时、排气管、涡轮增压器。

(12）加速时反应慢　一般故障部位：燃油含水、进气压力传感器、火花塞、电子节气门阀体总成、进气道、喷油器、点火正时、排气管、涡轮增压器。

(13）加速时无力，性能差　一般故障部位：燃油含水、进气压力传感器、火花塞、点火线圈、电子节气门阀体、进气道、喷油器、点火正时、排气管、涡轮增压器。

(14）加速或匀速时车辆顿挫、抖动　一般故障部位：燃油、轮胎不符合技术要求、空气滤清器及进气道堵塞、电子节气门阀体积炭过多、油压过低或无油压、点火线圈、火花塞、喷油器、点火正时、排气管、涡轮增压器、炭罐堵塞或炭罐电磁阀故障、传感器及电路故障。

诊断帮助：

1）确认发动机无任何故障记录。

2）确认投诉的故障现象存在。

3）已按上述步骤检查，并无发现异常情况。

4）检修过程中不要忽略汽车维护情况、气缸压力、点火正时、燃油情况等对系统的影响。

5）更换 ECU，进行测试。

若此时故障现象能消除，则故障部位在 ECU，若此时故障现象仍然存在，则换回原有 ECU，重复流程，再次进行检修工作。

5. 故障诊断

结合故障现象、故障码及参考范围，对故障进行检查。

6. 诊断及维修作业过程注意事项

1）发动机舱内作业前应关闭发动机，拔出点火钥匙，施加驻车制动，将档位切入 N 档或 P 档，让儿童远离发动机。

2）避免电气系统短路，尤其是蓄电池短路，谨防蓄电池爆炸。

3）若必须在发动机起动或运转时进行检修，危险性会更大，务必时刻留意，谨防传动带、发电机、散热器风扇等旋转部件以及高压点火系统致伤，切勿触摸点火系统的高压线。

4）不要随意将电喷系统的任何零部件或其插接件从其安装位置上拆下，以免意外损坏或水、油、污等异物进入插接件内，影响电喷系统的正常工作。

5）当断开和接上插接件时，一定要将电源置于 OFF 档，否则会损坏电子元件。

6）在进行故障的热态工况模拟和其他有可能使温度上升的维修作业时，决不要使电子控制单元的温度超过 80℃。

7）燃油系统或电气系统进行检修时，请先断开蓄电池，切勿抽烟，周围无明火，且设有灭火器等灭火设备。

8）电喷系统的供油压力较高（600kPa 左右），所有燃油管路都是采用耐高压燃油管。即使发动机没有运转，油路中也保持较高的燃油压力。所以维修过程中要注意不要轻易拆卸油管，当对燃油系统进行维修时，拆卸油管前应对燃油系统进行卸压处理，卸压方法如下：拆下燃油泵继电器，起动发动机使其怠速运转，直到发动机自行熄灭。油管的拆卸和燃油滤清器的更换应在通风良好的地方由专业维修人员进行。

9）从燃油箱中取下电动燃油泵时不要给油泵通电，以免产生电火花，引起火灾。

10）燃油泵不允许在干态下或水里进行运转试验，否则会缩减其使用寿命，另外燃油泵的正负极切不可接反。

11）对点火系统进行检查时，只有在必要的时候才进行跳火花检测，并且时间要尽可能短，检测时不能打开节气门并断开喷油器插接件，否则会导致大量未燃烧的汽油进入排气管，损坏三元催化转化器。

12）由于急速的调节完全由电喷系统完成，不需要人工调节，电子节气门体安装到位即可。

13）连接蓄电池时蓄电池的正负极不能接错，以免损坏电子元件，本系统采用负极搭铁。

14）切勿将蓄电池正极搭铁，防止正极熔丝烧坏，导致整车电气系统不通电或者电子元件的损坏。

15）发动机运转时，不允许切断蓄电池电源。

16）在汽车上实施电焊前，必须将蓄电池正极、负极电缆线及电子控制单元拆卸下来。

17）不要用刺穿导线表皮的方法来检测零部件输入输出的电信号。

【学习任务单】

混合动力汽车发动机控制系统的故障检修	学习任务单	班级： 姓名：

1. 比亚迪秦100发动机控制系统主要包含的传感器有：

2. 比亚迪秦100发动机控制系统主要包含的执行器有：

3. 通常导致发动机起动困难的原因有：

4. 请简要写出发动机控制系统故障诊断流程。

5. 结合TB10发动机控制系统的控制策略，将图中各部分名称补充完整。

【任务实施】 比亚迪秦 100 发动机控制系统的故障诊断与排除

◎ 实训器材

比亚迪秦 100 实车、原车电路图、维修手册、故障诊断仪、万用表。

◎ 作业准备

检查举升机；车辆在工位停放周正；铺好车内和车外护套。

◎ 操作步骤

扫一扫

比亚迪秦 100 发动机控制系统的故障诊断与排除

一、确认故障现象

操作示意图	操作方法	操作标准
	检查场地安全、安装车轮挡块、车内三件套、打开前机舱盖、安装车外三件套，并下电	—
	踩下制动踏板，按下起动按钮	起动前应检查车辆 P 档，并确保车轮挡块正确安装
	向左拨动档位控制器至 N 位并保持，直至仪表指示切换为 N 位	—
	转动模式旋钮至 SPORT	—

142

项目三　能量供给控制系统的认知及故障检修

（续）

操作示意图	操作方法	操作标准
	此时将工作模式切换为HEV，发动机将强制起动	发动机有故障时，可能无法正常起动，应结合具体现象判定
	发动机起动后检查故障现象	—

经检查，发动机可以正常起动，但怠速不稳，有喘振，加速后现象缓解。发动机故障灯未点亮。

二、利用故障诊断仪诊断故障

操作示意图	操作方法	操作标准
	使用诊断仪进入 ECM 网	诊断仪应正确连接，VCL指示和车辆连接指示应点亮
	选择发动机控制器 1.5TID	—

(续)

操作示意图	操作方法	操作标准
	读取故障码	—
	故障码为 P0238	故障码应记录
	检查增压压力传感器安装状况，安装正常	—
	清除故障码后再次读取，故障码未消失	—
	返回上一菜单后进入读数据流界面	—

（续）

操作示意图	操作方法	操作标准
	实际增压压力为250kPa，高于目标增压压力	异常数据流应记录

三、故障检测

操作示意图	操作方法	操作标准
	转动模式旋钮至ECO，发动机将熄火	—
	按下起动开关，车辆下电	无须踩下制动踏板，应确保车辆下电
	断开进气歧管压力、温度传感器	—
1—接地 2—输出温度信号 3—接5V 4—输出压力信号	对比电路图确认端子号及含义	—

（续）

操作示意图	操作方法	操作标准
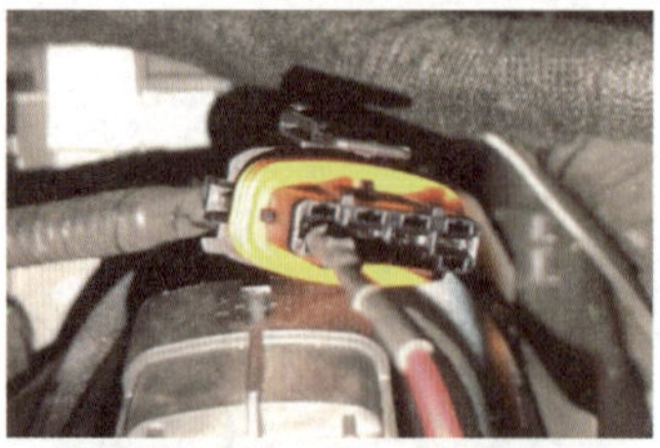	测量1号脚对地电阻	测量前万用表应校零
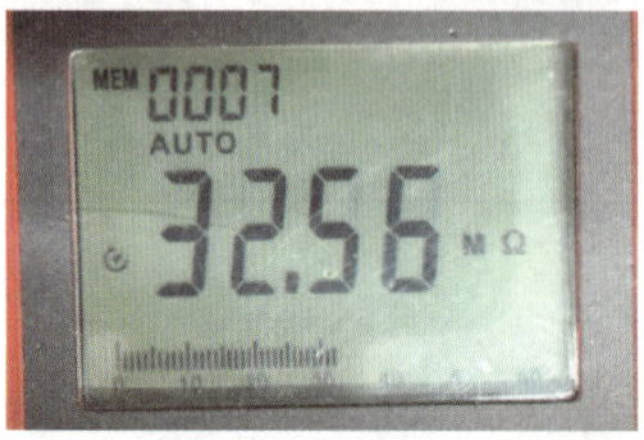	大于10kΩ，阻值异常	此时可判断接地线断路
	起动发动机	—
	测量3号脚对地电压	—
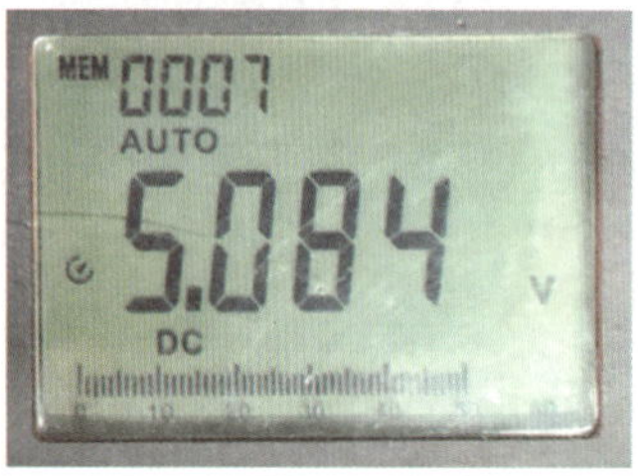	电压约为5V左右，正常	—

四、竣工检验

修复接地电路后再次检查。

操作示意图	操作方法	操作标准
	起动发动机，怠速正常	—

（续）

项目三 能量供给控制系统的认知及故障检修

(续)

操作示意图	操作方法	操作标准
	清除故障码并再次读取，系统无故障	—
	读取数据流，实际增压压力与目标压力相近	—
	清洁场地，整理恢复工位	—

【工作任务单】

比亚迪秦100发动机控制系统的故障诊断与排除	工作任务单	班级：		姓名：	
1. 记录车辆信息					
品牌		整车型号		生产年月	
驱动电机型号		动力蓄电池电量		行驶里程	
车辆识别代号					
2. 作业场地准备					
检查设置隔离栏				□是	□否
检查设置安全警示牌				□是	□否
检查灭火器压力、有效期				□是	□否
安装车辆挡块				□是	□否
3. 记录故障现象					

147

（续）

4. 使用诊断仪读取故障码、数据流	
故障码	
数据流	

5. 拆画相关故障电路简图

6. 故障检测

检测对象	检测条件	检测值	标准值	结果判断

7. 故障确认

故障点	故障类型	维修措施

8. 竣工检验

车辆是否正常起动	□是 □否

9. 作业场地恢复

拆卸车内三件套	□是 □否
拆卸翼子板布	□是 □否
将高压警示牌等放至原位置	□是 □否
清洁、整理场地	□是 □否

（续）

【任务评价】

比亚迪秦100发动机控制系统的故障诊断与排除			实习日期:			
姓名:		班级:	学号:		教师签名:	
自评：□熟练 □不熟练		互评：□熟练 □不熟练	师评：□合格 □不合格			
日期:		日期:	日期:			
比亚迪秦100发动机控制系统的故障诊断与排除【评分细则】						
序号	评分项	得分条件	分值	评分要求	自评	互评	师评
1	安全/7S/态度	□1.能进行工位7S操作 □2.能进行设备和工具安全检查 □3.能进行车辆安全防护操作 □4.能进行工具清洁、校准、存放操作 □5.能进行三不落地操作	15	未完成1项扣3分	□熟练 □不熟练	□熟练 □不熟练	□合格 □不合格
2	专业技能能力	□1.能正确确认故障现象 □2.能规范拆卸相关线束插接器 □3.能正确测量辅助蓄电池电压 □4.能正确规范对车辆起动、熄火操作 □5.能正确断开压力传感器线束 □6.能确认发动机故障部位 □7.能规范修复接地线 □8.能规范验证车辆发动机功能	50	未完成1项扣7分，扣分不得超过50分	□熟练 □不熟练	□熟练 □不熟练	□合格 □不合格
3	工具及设备的使用能力	□1.能正确使用故障诊断仪 □2.能正确使用万用表 □3.能正确使用组合工具	10	未完成1项扣4分，扣分不得超过10分	□熟练 □不熟练	□熟练 □不熟练	□合格 □不合格
4	资料、信息查询能力	□1.能正确查询线束插接器端子含义 □2.能正确使用维修手册查询资料 □3.能正确记录查询资料章节及页码 □4.能正确记录所需维修信息	10	未完成1项扣3分，扣分不得超过10分	□熟练 □不熟练	□熟练 □不熟练	□合格 □不合格
5	数据判断和分析能力	□1.能判断辅助蓄电池电压是否正常 □2.能判断车辆是起动 □3.能判断车辆发动机是否运行正常 □4.能判断车辆发动机数据流是否正常	10	未完成1项扣3分，扣分不得超过10分	□熟练 □不熟练	□熟练 □不熟练	□合格 □不合格
6	表单填写及报告撰写能力	□1.字迹清晰 □2.语句通顺 □3.无错别字 □4.无涂改 □5.无抄袭	5	未完成1项扣1分	□熟练 □不熟练	□熟练 □不熟练	□合格 □不合格
总分:						

项目四

高级驾驶辅助系统（ADAS）的认知及故障检修

高级驾驶辅助系统（ADAS）认知及故障检修主要包括 3 个学习情境：改善视野类 ADAS 的认知及故障检修、预警类 ADAS 的认知及故障检修、主动控制类 ADAS 的认知及故障检修。

项目四 高级驾驶辅助系统（ADAS）的认知及故障检修	学习情境一 改善视野类ADAS的认知及故障检修	任务一 改善视野类ADAS的认知
		任务二 改善视野类ADAS的故障检修
	学习情境二 预警类ADAS的认知及故障检修	任务一 预警类ADAS的认知
		任务二 预警类ADAS的故障检修
	学习情境三 主动控制类ADAS的认知及故障检修	任务一 主动控制类ADAS的认知
		任务二 主动控制类ADAS的故障检修

学习情境一
改善视野类 ADAS 的认知及故障检修

高级驾驶辅助系统,即 ADAS(Advanced Driving Assistance System),是指利用安装在智能电动汽车上的各种高精度传感器,如超声波雷达、毫米波雷达、激光雷达、视觉传感器等,感知车身周围环境并收集数据,进行静、动态物体辨识、侦测与追踪,并进行系统的运算和分析,从而让驾驶人预先察觉到可能发生的危险,或执行器介入智能电动汽车操纵以实现驾驶安全性和舒适性的一系列技术的总称,如图 4-1 所示。

图 4-1 智能电动汽车高级驾驶辅助系统

首先是环境感知,不同的系统需要使用不同类型的传感器,包含毫米波雷达、超声波雷达、激光雷达、视觉传感器及轮速传感器等,来收集整车的工作状态及其参数变化情况,并将不断变化的机械运动变成电子参数,为车辆计算系统提供精准的路况数据、障碍物和道路标线等相关信息。

其次是安全控制,软件系统根据传感器的输入实时构建汽车周围环境的空间模型或计算行驶的危险级别,针对传感器收集到的信息进行算法分析、处理,然后再向对应的执行器下达动作指令。

最后则是动作执行,包含加速、制动、转向、档位控制、灯光、仪表显示、音响报警等系统都属于执行器的范畴,会依据软件系统输出的信号,将输出提供给驾驶人或指定系统或主动干预车辆控制。

按照功能不同,高级驾驶辅助系统可分为改善视野类 ADAS、预警类 ADAS、主动控制类 ADAS。

任务一　改善视野类 ADAS 的认知

【学习目标】

◎ 知识目标

1) 掌握常用的改善视野类 ADAS 的定义。
2) 掌握常用的改善视野类 ADAS 的功能。
3) 熟悉常用的改善视野类 ADAS 的工作原理。

◎ 技能目标

1) 具有向客户介绍常用的改善视野类 ADAS 的能力。
2) 具有解释常用的改善视野类 ADAS 的功能应用的能力。

◎ 素养目标

1) 培养学生良好的安全意识。
2) 培养学生良好的团队合作意识。
3) 养成 7S 的工作习惯。
4) 向客户介绍改善视野类 ADAS 时，能详细解析系统的功能和对于行车安全的重要性，培养学生精益求精的工作态度和道路安全意识。

【任务描述】

某 4S 店服务顾问接待了一位客户，客户反映自己对车辆的自适应前照灯系统、全景泊车系统等不是很了解，需要服务顾问进行讲解。

【获取信息】

在行车过程中，驾驶人依靠视觉获取环境信息的比例高达 90% 以上，因此视觉是驾驶人获取环境信息的最主要来源。但由于驾驶盲区、光线和天气等的影响，驾驶人往往会由于视野不佳导致交通事故的发生。改善视野类 ADAS 是指通过环境感知传感器、V2X 通信技术等扩大驾驶人视野范围，从而提高驾驶人在视野较差环境下行车安全的驾驶辅助系统。

目前应用较多的改善视野类 ADAS，包括汽车自适应前照灯系统、汽车夜视辅助驾驶系统、汽车平视显示系统、全景泊车系统等。

一、汽车自适应前照灯系统的认知

1. 汽车自适应前照灯系统的定义

汽车自适应前照灯系统（Adaptive Front-Lighting System，AFS）通过车速传感器、转向盘角度传感器、车高传感器等感知车辆行驶状态信息，自动调节前照灯系统的工作模式，可实现城市道路照明、高速公路照明、转弯道路照明及阴雨天气照明等不同照明模式的调节，使近光灯光轴在水平方向上与转向盘转角联动进行左右转动，在垂直方向上与车高联动进行上下摆动，保障车辆不同条件下的照明效果，如图4-2所示。

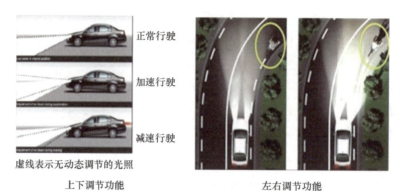

图 4-2　自适应前照灯系统

　　汽车自适应前照灯系统能够识别道路上的环境照明情况，同时分析照明光源的亮度和颜色，从而尽可能真实地模拟驾驶人使用远光灯。一旦系统侦测到在道路前方或对面有车辆行驶、街道具有足够的照明以及车辆自身低速行驶，远光灯不再有助于提高行驶安全性时，远光灯将会自动关闭。这可以防止因驾驶人未及时将远光灯切换为近光灯或完全忘记切换近光灯而使其他道路使用者感到眩目，如图4-3所示。

图 4-3　汽车自适应前照灯系统远近光灯辅助功能

2. 汽车自适应前照灯系统的应用场景

　　（1）阴雨天气的照明　　阴雨天气，地面的积水会将行驶车辆照射在地面上的光线，反射到对面会车驾驶人的眼睛中，使其眩目，进而可能造成交通事故。汽车自适应前照灯系统有效的解决方法是：前照灯发出特殊光型，减弱地面可能对会车产生眩光的区域的光强。

　　（2）转弯道路的照明　　传统前照灯的光线因为和车辆行驶方向保持一致，所以不可避免地存在照明的暗区。一旦在弯道上存在障碍物，极易因为驾驶人对其准备不足引发交通事故。汽车自适应前照灯系统解决的方法是：车辆在进入弯道时，产生旋转的光型，给弯道以足够的照明。

　　（3）高速公路的照明　　车辆在高速公路上行驶，因为具有极高的车速，所以需要前照灯照得更远，照得更宽。而传统的前照灯却存在高速公路上照明不足的问题。汽车自适应前照灯系统采用了更为宽广的光型解决这一问题。

　　（4）城市道路的照明　　城市中道路复杂。传统前照灯近光因为光型比较狭长，所以不能满足城市道路照明的要求。汽车自适应前照灯系统在考虑到车辆市区行驶速度受到限制的情况下，可以产生比较宽阔的光型，有效地避免了与岔路中突然出现的行人、车辆可能发生的交通事故。

二、夜视辅助驾驶系统的认知

1. 夜视辅助驾驶系统的定义

车载夜视辅助驾驶系统（Night Vision System，NVS）主要采用雷达、红外传感器等，通过激光、毫米波、热成像等对光照要求不高的探测方法，实现夜间行驶环境的感知，用于辅助驾驶人在黑夜中看清道路、行人和障碍物等，减少事故发生，增强行车主动安全。

2. 夜视辅助驾驶系统的工作原理

车载夜视辅助驾驶系统的原理是将人们肉眼看不见的红外线转化成为可见光。配备了夜视辅助驾驶系统的车辆装有红外线发射器，可以照到前方大约200m的距离。再通过小型红外线摄像机记录车辆前方的环境，并将其显示在驾驶舱仪表板的显示屏上，如图4-4所示。

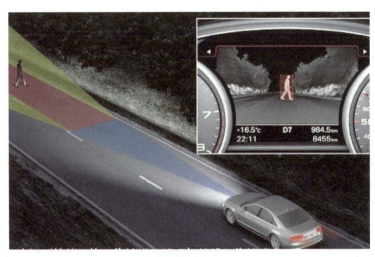

图 4-4　夜视辅助驾驶系统

车载夜视辅助驾驶系统在夜间可以将前照灯照射范围以外的潜在危险情况显示给驾驶人，从而开阔视野，也可以帮助驾驶人在夜间会车出现眩光时看清前方情况。

三、汽车平视显示系统的认知

1. 汽车平视显示系统的定义

汽车平视显示系统（Head Up Display，HUD），又称抬头显示系统，是指将驾驶相关的重要信息投影到驾驶人前方的车辆前风窗玻璃视野之内，使驾驶人的视线无须离开前方道路，即可查看驾驶相关的重要信息，从而有效地避免分散驾驶人的注意力，保障行驶安全。

2. 汽车平视显示系统的工作原理

汽车平视显示系统利用光学反射原理，将汽车驾驶辅助信息、导航信息、检查控制信息以及ADAS信息等以投影方式显示在风窗玻璃上或约2m远的前方、前机舱罩尖端的上方，阅读起来非常舒适，如图 4-5 所示。同时，还可以显示来自各个驾驶辅助系统的警告信息，例如车道偏离警告、夜视系统的行人避让警告等，避免驾驶人在行车过程中频繁低头看仪表或车载屏幕，对于行车安全起到很好的辅助作用。

图 4-5　汽车平视显示系统

四、全景泊车系统的认知

1. 全景泊车系统的定义

全景泊车系统（Around View Monitor，AVM）又称为"全息影像停车辅助系统""汽车环视系统"或"360°全景可视泊车系统"，采用环视摄像头、雷达等传感器，在停车过程中，通过车辆显示屏幕观看四周摄像头图像，帮助驾驶人了解车辆周边视线盲区，使停车更直观方便。

2. 全景泊车系统的组成

全景泊车系统主要由安装在车身前后左右的 4 个超广角鱼眼摄像头、人机交互界面和系统主机等组成，如图 4-6 所示。

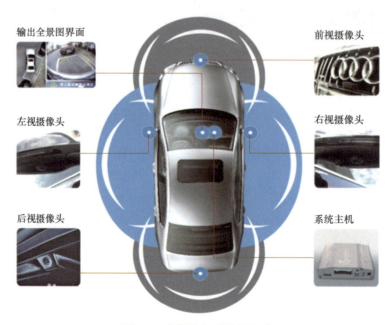

图 4-6　全景泊车系统的组成

3. 全景泊车系统的工作原理

全景泊车系统通过分布在车身四周的 4 个 180° 超广角鱼眼摄像头可获得车辆四周影像，通过控制单元对画面进行处理，可合成不同视角的实时实景图像。消除驾驶人视野盲区，提升行车安全。4 个超广角鱼眼摄像头同时采集车辆四周的影像，经过图像处理单元畸变还原→视角转化→图像拼接→图像增强，最终形成一幅车辆四周无缝隙的 360° 全景俯视图，如图 4-7 所示。

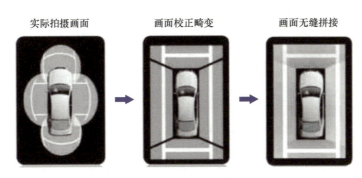

图 4-7　全景泊车的图像合成

在显示全景图的同时，也可以显示任何一方的单视图，并配合标尺线准确地定位障碍物的位置和距离。如图 4-8 所示，屏幕左边为全息影像，右边为单一方向影像。

图 4-8　全景泊车系统显示图

【视野拓展】

随着城市化加剧、交通量加大、能源成本高以及驾驶文化的转变，人类和社会对汽车的要求不断提高，同时也给汽车行业带来了新的发展机遇。随着汽车技术的发展，未来道路交通事故伤亡率可降到接近零的水平，但这需要全球汽车工程师的不懈努力。同时，更多汽车创新应用，优质的驾驶体验及驾驶乐趣也将逐渐出现在人们的视野中。

世界各国都在引入自动驾驶，因为这能够有效提高道路效率，同时也能够改善驾乘者的体验和舒适度。汽车在未来将不断发生变化，汽车车身的架构会发生根本性的变化，包括物理形状的变化，能量配置，甚至在未来逻辑设计上的变化。智能网联汽车的发展所改变的不仅仅只是我们的驾驶体验，随着网络的发展，如 5G 的到来，在未来会有很多云端服务配合着新概念加入。

【学习任务单】

改善视野类 ADAS 的认知	学习任务单	班级： 姓名：

1. 智能汽车高级驾驶辅助系统所安装的传感器主要有_____、_____、_____和_____等。
2. 目前应用较多的改善视野类 ADAS，包括_____、_____、_____和_____等。
3. 汽车自适应前照灯系统的应用场景主要包括：_____、_____、_____和_____等。
4. 全景泊车系统主要由安装在车身前后左右的_____、_____和_____等组成。
5. 请列举智能汽车改善视野类 ADAS 技术。

英文缩写	中文含义	主要功能
AFS		
NVS		
HUD		
AVM		

【任务实施】 改善视野类 ADAS 功能操作

◎ **实训器材**

智能汽车、车辆使用手册、维修手册等。

◎ **作业准备**

车辆在工位停放规范；熟悉车辆改善视野类 ADAS 的安装位置及操作方法；铺好车内和车外护套。

◎ **操作步骤**

一、摄像头实车查找

操作示意图	操作方法	操作标准
 车顶摄像头 车内前视摄像头 右摄像头　　　　左摄像头 前摄像头　　　　后摄像头	实车观察，确认摄像头安装位置	环视摄像头（4个，分别是前摄像头、后摄像头、左摄像头、右摄像头）、车内前视摄像头、车顶摄像头

二、摄像头的维护

为保证摄像头正常工作，必须保持摄像头清洁，无冰雪、积水、尘土等异物附着，必须保持摄像头前方的风窗玻璃清洁且摄像头与风窗玻璃之间不能有物体遮挡。

当发现摄像头表面附着异物时，请用软布擦拭或用水（低水压）清洗。不可用高压水枪正对摄像头进行冲洗，不可使用具有磨损性或尖锐的物体清洁摄像头。

以下情况会导致摄像头无法识别到目标、识别延迟或识别错误：

1）黑暗（照明条件差）或能见度差（因大雨、大雪、浓雾等造成）。
2）天气条件（大雨、雪、雾、酷热或极寒温度）干扰摄像头工作。
3）摄像头朝向光源直射方向或者光照强度不足。
4）摄像头表面被冰雪、积水、尘土等异物附着。
5）光线急剧变化（如进出隧道）。
6）道路凹凸不平导致车辆颠簸或晃动。
7）摄像头视野被遮挡住。
8）风窗玻璃受外力而变形或损坏，导致摄像头位置或角度与车辆出厂时存在差异，风窗玻璃的颜色改变，也会对摄像头产生影响。

三、全景泊车系统功能介绍

操作示意图	操作方法	操作标准
	单击进入全景泊车系统界面，向客户介绍全景泊车系统操作界面及功能	1. 图像显示区：显示摄像头获取的图像 2. 全景泊车模式按钮：单击选择全景泊车模式 3. 行车记录仪模式按钮：单击选择行车记录仪模式 4. 车顶摄像头模式按钮：单击选择车顶摄像头模式 5. 拍照模式按钮：单击选择拍照模式 6. 摄像模式按钮：单击选择摄像模式 7. 拍照/摄像：拍照模式时，单击可拍照；摄像模式时，单击可开始摄像或结束摄像 8. 透明底盘：单击进入透明底盘页面，可查看车顶俯视效果图 9. 相册：单击进入相册，查看全景泊车摄像头或车顶摄像头拍摄的照片或视频 10. 2D/3D 摄像头切换按钮：单击切换显示 2D 或 3D 摄像头，图像显示区会根据选择的摄像头显示对应的画面 11. 车辆本体：单击车辆本体的前端、后端、左侧、右侧，选择2D/3D 摄像头，图像显示区会根据选择的摄像头显示对应的画面

【工作任务单】

改善视野类 ADAS 功能操作	工作任务单	班级：
		姓名：

1. 记录车辆信息

品牌		整车型号		生产年月	
驱动电机型号		动力蓄电池电量		行驶里程	
车辆识别代号					

2. 作业场地准备

检查设置隔离栏	□是 □否
检查设置安全警示牌	□是 □否
检查灭火器压力、有效期	□是 □否
安装车辆挡块	□是 □否

3. 确认摄像头实车位置

实车查找并填写各摄像头名称	

4. 全景泊车系统操作界面功能介绍

介绍全景泊车系统操作功能	1_____ 2_____ 3_____ 4_____ 5_____ 6_____ 7_____ 8_____ 9_____ 10_____ 11_____

5. 作业场地恢复

拆卸车内三件套	□是 □否
拆卸翼子板布	□是 □否
将高压警示牌等放至原位置	□是 □否
清洁、整理场地	□是 □否

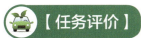**【任务评价】**

改善视野类 ADAS 功能操作			实习日期：			
姓名：		班级：		学号：		教师签名：
自评：□熟练　□不熟练		互评：□熟练　□不熟练		师评：□合格　□不合格		
日期：		日期：		日期：		
改善视野类 ADAS 功能操作【评分细则】						
序号	评分项	得分条件	分值	评分要求	自评	互评	师评

序号	评分项	得分条件	分值	评分要求	自评	互评	师评
1	安全 /7S/ 态度	□ 1. 能进行工位 7S 操作 □ 2. 能进行设备和工具安全检查 □ 3. 能进行车辆安全防护操作 □ 4. 能进行工具清洁、校准、存放操作 □ 5. 能进行三不落地操作	15	未完成 1 项扣 3 分	□熟练 □不熟练	□熟练 □不熟练	□合格 □不合格
2	专业技能能力	□ 1. 能向客户介绍改善视野类 ADAS 的定义 □ 2. 能向客户介绍改善视野类 ADAS 的功能 □ 3. 能正确查找摄像头的安装位置 □ 4. 能进行摄像头的简单维护 □ 5. 能正确进入全景泊车系统操作界面 □ 6. 能向客户介绍全景泊车系统的操作功能	50	未完成 1 项扣 9 分，扣分不得超过 50 分	□熟练 □不熟练	□熟练 □不熟练	□合格 □不合格
3	工具及设备的使用能力	□ 1. 能正确使用车辆中控屏 □ 2. 能正确使用维护工具 □ 3. 能正确使用技术资料	10	未完成 1 项扣 5 分，扣分不得超过 10 分	□熟练 □不熟练	□熟练 □不熟练	□合格 □不合格
4	资料、信息查询能力	□ 1. 能正确查询改善视野类 ADAS 的功能 □ 2. 能正确使用车辆使用手册查询资料 □ 3. 能正确记录查询资料章节及页码 □ 4. 能正确记录所需维修信息	10	未完成 1 项扣 3 分，扣分不得超过 10 分	□熟练 □不熟练	□熟练 □不熟练	□合格 □不合格
5	数据判断和分析能力	□ 1. 能判断车辆上电是否正常 □ 2. 能判断中控屏工作是否正常 □ 3. 能判断改善视野类 ADAS 工作是否正常	10	未完成 1 项扣 4 分，扣分不得超过 10 分	□熟练 □不熟练	□熟练 □不熟练	□合格 □不合格
6	表单填写及报告撰写能力	□ 1. 字迹清晰 □ 2. 语句通顺 □ 3. 无错别字 □ 4. 无涂改 □ 5. 无抄袭	5	未完成 1 项扣 1 分	□熟练 □不熟练	□熟练 □不熟练	□合格 □不合格
总分							

任务二　改善视野类 ADAS 的故障检修

【学习目标】

◎ **知识目标**

1）掌握改善视野类 ADAS 中应用的各种视觉传感器（摄像头）的结构和工作原理。
2）掌握视觉传感器的拆装方法。
3）掌握视觉传感器的校准方法。

◎ **技能目标**

1）具有正确拆卸和安装视觉传感器的能力。
2）具有对视觉传感器进行校准的能力。
3）具有诊断并排除改善视野类 ADAS 的常见故障的能力。

◎ **素养目标**

1）培养学生良好的安全意识。
2）培养学生良好的团队合作意识。
3）能够制订工作流程，具备分析问题、解决问题的能力。
4）能在工作结束后按照 7S 管理规定整理，养成良好的工作习惯。
5）在拆卸、安装 ADAS 部件时，能按照规范流程仔细操作，认真检查，培养学生精益求精的工作态度和质量意识。

【任务描述】

某 4S 店服务顾问接待了一位客户，客户反映自己车辆的多个驾驶辅助系统无法工作，产生严重报警信息，车辆存在安全隐患。经过诊断设备测试，其根本原因是前风窗玻璃摄像头不工作导致，技师现在需要结合车辆诊断信息、电路图进行故障诊断。维修后需要技师按照规范流程对新安装的摄像头进行校准。

【获取信息】

改善视野类 ADAS 通过视觉传感器、雷达传感器等环境感知传感器获取行车环境信息，并将这些信息通过图像和语音等方式传递给驾驶人，用以扩大驾驶人的视野范围，从而提高驾驶人在视野较差环境下的环境感知能力。其中视觉传感器在改善视野类 ADAS 中应用最为广泛。

一、认识视觉传感器

视觉传感器是人工智能的一个分支，起源于 20 世纪 80 年代的神经网络技术，通过使用光学系统和图像处理工具等来模拟人的视觉能力，捕捉和处理场景的三维信息，理解并通过指挥特定的装置执行决策。视觉传感器涉及多种技术，包括图像处理、机械工程技术、控制、电光源照明、光学成像、传感器、模拟与数字视频技术、计算机软硬件技术等。

1. 视觉传感器的组成

视觉传感器主要由光源、镜头、图像传感器、模数转换器、图像处理器、图像存储器等组成,如图4-9所示。其主要功能是获取足够的机器视觉系统要处理的原始图像。

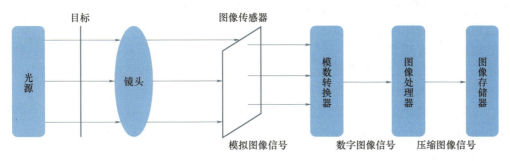

图4-9 视觉传感器的组成

2. 视觉传感器的特点

1）视觉图像的信息量极为丰富,尤其是彩色图像。

2）在视野范围内可同时实现道路检测、车辆检测、行人检测、交通标志检测、交通信号灯检测等,信息获取面积大。

3）视觉信息获取的是实时的场景图像。

4）视觉传感器应用广泛,在智能网联汽车中可以前视、后视、侧视、内视、环视。

3. 视觉传感器的分类

根据镜头和布置方式的不同,视觉传感器主要包括单目视觉传感器、双目视觉传感器、三目视觉传感器和环视视觉传感器,如图4-10所示。

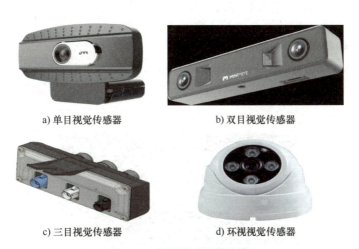

a) 单目视觉传感器　　　b) 双目视觉传感器

c) 三目视觉传感器　　　d) 环视视觉传感器

图4-10 视觉传感器的分类

二、视觉传感器的工作原理

1. 单目视觉传感器

单目视觉传感器模块只包含一个摄像头和一个镜头。由于很多图像算法的研究都是基于单目视觉传感器开发的,因此相对于其他类别的车载视觉传感器,单目车载视觉传感器的算法成熟度更高。单目视觉传感器的工作原理是先识别后测距,首先通过图像匹配对图像进行识别,然后根据图像的大小和高度进一步估计障碍物和车辆移动时间。

单目视觉传感器有两个先天的缺陷:一是它的视野完全取决于镜头。焦距短的镜头,视野广,但缺失远处的信息,焦距长的镜头,探测距离远,但视野较窄。二是单目测距的精度较低。摄像机的成像图是透视图,即越远的物体成像越小。近处的物体,需要用几百甚至上千个像素点描述;而处于远处的同一物体,可能只需要几个像素点即可描述出来。这种特性会导致越远的地方,一个像素点代表的距离越大。因此,对于单目视觉传感器来说,物体越远,测距的精度越低。

智能网联汽车感知系统是一个多传感器的复杂系统。使用单目视觉传感器是一种很好的方法,但是单目视觉传感器依赖大量训练样本、特征提取过程难以观测和调整。由于单目视觉传感器的物理特性,摄像头测距精度远低于激光雷达和毫米波雷达。因此在实际应用中,需要结合激光雷达和毫米波雷达等其他传感器进行探测,这些传感器在各自的约束条件下能够发挥各自最优的性能,各类传感器的融合将大大提高目标检测的精度。

2. 双目视觉传感器

双目视觉传感器模块包含两个摄像头和两个镜头。相近的两个摄像头拍摄物体时,会得到同一物体在相机成像平面的像素偏移量。有了像素偏移量、相机焦距和两个车载视觉传感器的实际距离这些信息,根据数学换算即可得到物体的距离。

双目视觉传感器的工作原理是先对物体与本车距离进行测量,然后再对物体进行识别。将双目视觉传感器测距原理应用在图像上每一个像素点时,即可得到图像的深度信息,深度信息的加入,不仅能便于障碍物的分类,更能提升高精度地图定位匹配的精度。与单目视觉传感器相比,双目视觉传感器的特点如下:

1)成本比单目视觉传感器高,但与激光雷达等方案相比成本较低。

2)没有识别率的限制,因为从原理上无须先进行识别,再进行测算,而是对所有障碍物直接进行测量。

3)精度比单目视觉传感器高,直接利用视差计算距离。

4)计算量非常大,对计算单元的性能要求非常高。

3. 三目视觉传感器

由于单目和双目视觉传感器都存在某些缺陷,因此,目前很多智能网联汽车采用了三目视觉传感器。三目视觉传感器是3个不同焦距的单目车载视觉传感器的组合,如图4-11所示。

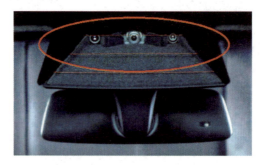

图4-11 三目视觉传感器

三目视觉传感器包含3个视场,分别为25°视场、50°视场、150°视场,如图4-12所示。其中,25°视场用于检测前车道线、交通灯,50°视场负责一般的道路状况监测,150°视场用于检测平行车道道路状况以及行人和非机动车行驶的状况。

三目视觉传感器的缺点是需要同时标定3个车载视觉传感器,因而工作量更大一些。其次,软件部分需要关联3个车载视觉传感器的数据,对算法要求也很高。

项目四 高级驾驶辅助系统（ADAS）的认知及故障检修

图 4-12 三目视觉传感器视场

4. 环视视觉传感器

环视视觉传感器的摄像头是鱼眼摄像头，而且安装位置是朝向地面的。安装于车辆前方、车辆左右后视镜下和车辆后方的 4 个鱼眼镜头采集图像，采集到的图像如图 4-13 所示。鱼眼摄像头为了获取足够大的视野，会产生图像的畸变。

图 4-13 鱼眼镜头采集图像

通过标定值，进行图像的投影变换，可将图像还原成俯视图的样子。然后对 4 个方向的图像进行拼接，再在 4 幅图像的中间放上一张车的俯视图，即可实现从车顶往下看的效果。

【视野拓展】

工匠精神是职业道德、职业能力、职业品质的体现，是从业者的一种职业价值取向和行为表现。"工匠精神"的基本内涵包括敬业、精益、专注、创新等方面的内容。

我国自古就有尊崇和弘扬工匠精神的传统。《诗经》中的"如切如磋，如琢如磨"，反映的就是古代工匠在雕琢器物时执着专注的工作态度。"庖丁解牛""巧夺天工""匠心独运""技近乎道"……，这些精神品质早已融入中华民族的文化血液。

当今时代，工匠精神在各行各业传承不息。小到一颗螺钉、一块智能芯片，大到卫星、火箭、高铁、航母，它们背后都离不开新时代劳动者身体力行的工匠精神。

奋斗创造历史，实干成就未来。在通往中华民族伟大复兴的征程上，我们更需锻造灼灼匠心，在平凡岗位上创造不凡，用干劲、闯劲、钻劲谱写美好生活新篇章，让新时代工匠精神激励鼓舞更多人。

【学习任务单】

改善视野类ADAS的故障检修	学习任务单	班级： 姓名：

1. 视觉传感器主要由_____、_____、_____、_____、_____和图像存储器等组成。

2. 根据镜头和布置方式的不同，视觉传感器主要包括_____、_____、_____和_____等。

3. 单目视觉传感器的原理是_____，双目视觉传感器的原理是_____。

4. 三目视觉传感器包含3个视场，分别为_____、_____和_____。

5. 请查阅资料列举视觉传感器在智能网联汽车ADAS中的应用。

ADAS名称	摄像头安装位置	功能应用

【任务实施】 前风窗玻璃摄像头的检修

◎ 实训器材

装有前风窗玻璃摄像头的智能汽车、故障诊断仪、示波器、常用工具和维修手册等。

◎ 作业准备

车辆在工位停放规范；熟悉前风窗玻璃摄像头的安装位置；铺好车内和车外护套。

◎ 操作步骤

一、前风窗玻璃摄像头的拆卸

操作示意图	操作方法	操作标准
（镜脚盖板）	拆卸镜脚盖板	分成两部分的镜脚盖板通过按压从下部分离并脱开，将分成两部分的镜脚盖板各自向外抽出并取下
（止动夹、摄像头、连接插头）	拆卸摄像头	脱开插头连接，松脱标记区域内的电缆，松脱止动夹并沿箭头方向取下摄像头

二、摄像头的故障检测

1）确认故障真实存在。
2）用故障检测仪读取故障码，根据故障码，完成故障对象锁定。
3）如果没有故障码，需要查看数据流，查看历史数据，进行诊断。
4）前风窗玻璃摄像头故障诊断。
① 查找、分析前风窗玻璃摄像头电路。
② 检查前风窗玻璃摄像头供电，记录电压值。
a. 检查供电熔丝是否损坏，如不正常，查找原因，更换熔丝。
b. 测量线束与前风窗玻璃摄像头相连端口电压，如不正常，查找故障点，维修线束。

③ 检查搭铁线，确保未虚接，如不正常，查找故障点，维修线束或重新固定搭铁点。

④ 检查 CAN 总线通信。

a. 使用示波器测量 CAN 总线波形，使用万用表测量终端电阻。

b. 如不正常，查找故障点，维修线束或更换模块。

c. 如通信正常，更换前风窗玻璃摄像头。

三、摄像头的安装

操作示意图	操作方法	操作标准
止动夹导向装置 摄像头	安装摄像头	将摄像头的导向装置正确插入风窗玻璃上的夹具，注意检查摄像头的安装是否牢固

四、摄像头的校准

1. 需对摄像头校准的情况

1）更换摄像头。

2）更换前风窗玻璃。

3）诊断程序提示需要校准摄像头。

4）摄像头检测方向应与车辆行驶方向一致，否则产生的偏差将影响摄像头精度。

2. 校准方法

因摄像头安装位置不可变动，摄像头会在车辆行驶过程中使用动态数据来计算拍摄方向的偏差并进行校准。

成功地进行初始在线校准，需满足如下条件：

1）道路状况较好，道路应尽量多直道，少弯道。

2）道路需平整，无颠簸。

3）行驶道路车流量较少。

4）初始动态校准时车上最多两名乘客（包括驾驶人），无其他载荷。

5）不能在晚上进行初始在线校准。

6）正常行驶，车身各方向均有轻微的运动。

7）车速高于 30km/h。

8）天气及可见度良好，摄像头确保不被遮挡。

9）摄像头正确安装。

初始动态校准程序需在诊断模式下进行。开始校准程序的一个重要条件是加载正确的车辆参数。成功校准之后，摄像头需要重启。

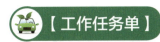【工作任务单】

前风窗玻璃摄像头的检修		工作任务单	班级：	
			姓名：	
1. 记录车辆信息					
品牌		整车型号		生产年月	
驱动电机型号		动力蓄电池电量		行驶里程	
车辆识别代号					
2. 作业场地准备					
检查设置隔离栏				□是 □否	
检查设置安全警示牌				□是 □否	
检查灭火器压力、有效期				□是 □否	
安装车辆挡块				□是 □否	
3. 拆卸前风窗玻璃摄像头					
拆卸步骤					
4. 前风窗玻璃摄像头故障检测					
故障码					
数据流					
测量数据					
绘制波形					
故障确认	故障点		故障类型		维修措施
5. 安装前风窗玻璃摄像头					
安装步骤					
6. 前风窗玻璃摄像头校准					
校准过程					
7. 竣工检验					
前风窗玻璃摄像头是否正常工作				□是 □否	
8. 作业场地恢复					
拆卸车内三件套				□是 □否	
拆卸翼子板布				□是 □否	
将高压警示牌等放至原位置				□是 □否	
清洁、整理场地				□是 □否	

【任务评价】

前风窗玻璃摄像头的检修			实习日期：	
姓名：	班级：		学号：	教师签名：
自评：□熟练 □不熟练	互评：□熟练 □不熟练		师评：□合格 □不合格	
日期：	日期：		日期：	

前风窗玻璃摄像头的检修【评分细则】

序号	评分项	得分条件	分值	评分要求	自评	互评	师评
1	安全/7S/态度	□1. 能进行工位 7S 操作 □2. 能进行设备和工具安全检查 □3. 能进行车辆安全防护操作 □4. 能进行工具清洁、校准、存放操作 □5. 能进行三不落地操作	15	未完成1项扣3分	□熟练 □不熟练	□熟练 □不熟练	□合格 □不合格
2	专业技能能力	□1. 能规范拆卸前风窗玻璃摄像头 □2. 能正确测量辅助蓄电池电压 □3. 能正确检测前风窗玻璃摄像头供电电压 □4. 能正确检测前风窗玻璃摄像头搭铁电压 □5. 能确认前风窗玻璃摄像头故障部位 □6. 能规范修复前风窗玻璃摄像头故障部位 □7. 能确定并排除前风窗玻璃摄像头故障 □8. 能规范安装前风窗玻璃摄像头 □9. 能够正确校准前风窗玻璃摄像头	50	未完成1项扣6分，扣分不得超过50分	□熟练 □不熟练	□熟练 □不熟练	□合格 □不合格
3	工具及设备的使用能力	□1. 能正确使用故障诊断仪 □2. 能正确使用万用表 □3. 能正确使用内饰拆卸板	10	未完成1项扣5分，扣分不得超过10分	□熟练 □不熟练	□熟练 □不熟练	□合格 □不合格
4	资料、信息查询能力	□1. 能正确查询线束插接器端子含义 □2. 能正确使用维修手册查询资料 □3. 能正确记录查询资料章节及页码 □4. 能正确记录所需维修信息	10	未完成1项扣3分，扣分不得超过10分	□熟练 □不熟练	□熟练 □不熟练	□合格 □不合格
5	数据判断和分析能力	□1. 能判断辅助蓄电池电压是否正常 □2. 能判断前风窗玻璃摄像头供电是否正常 □3. 能判断前风窗玻璃摄像头搭铁是否正常 □4. 能判断 CAN 数据通信是否正常	10	未完成1项扣3分，扣分不得超过10分	□熟练 □不熟练	□熟练 □不熟练	□合格 □不合格
6	表单填写及报告撰写能力	□1. 字迹清晰 □2. 语句通顺 □3. 无错别字 □4. 无涂改 □5. 无抄袭	5	未完成1项扣1分	□熟练 □不熟练	□熟练 □不熟练	□合格 □不合格

总分：

学习情境二

预警类 ADAS 的认知及故障检修

任务一 预警类 ADAS 的认知

【学习目标】

◎ **知识目标**

1）掌握常用的预警类 ADAS 的定义。
2）掌握常用的预警类 ADAS 的功能。
3）熟悉常用的预警类 ADAS 的工作原理。

◎ **技能目标**

1）具有向客户介绍常用的预警类 ADAS 的能力。
2）具有解释常用的预警类 ADAS 的功能的能力。

◎ **素养目标**

1）培养学生良好的安全意识。
2）培养学生良好的团队合作意识。
3）养成 7S 的工作习惯。
4）向客户介绍预警类 ADAS 时，能详细解析系统的功能和对于行车安全的重要性，培养学生精益求精的工作态度和道路安全意识。

【任务描述】

某 4S 店服务顾问接待了一位客户，客户反映自己对车辆的车道偏离预警系统、前向碰撞预警系统等不是很了解，需要服务顾问进行讲解。

【获取信息】

相关统计数据表明，由于驾驶人的主观因素导致的交通事故占比最高，若在交通事故发生前的 1.5s 给驾驶人发出预警，可避免 90% 的碰撞事故，从而大大降低交通事故发生率。预警类 ADAS 就是通过雷达、摄像头等环境感知传感器实时监测行车环境信息，并在车辆可能发生危险时发出警告信息，从而防止发生危险或减轻事故伤害。目前应用较多的预警类 ADAS，包括车道偏离预警系统、前向碰撞预警系统、盲区监测系统等。

一、车道偏离预警系统的认知

1. 车道偏离预警系统的定义

车道偏离预警系统（Lane Departure Warning System，LDWS）通过摄像头或激光雷达等监测车道线和本车的相对位置，并计算出本车与车道线的实时距离，从而判断车辆是否偏离车道。当发现车辆无换道意图即将偏离本车车道时，通过报警或振动等方式提醒驾驶人，促使驾驶人保持在原来的行驶车道内，避免交通事故的发生，如图 4-14 所示。

图 4-14　车道偏离预警系统

车道偏离预警系统按偏离方向可以分为"纵向"和"横向"车道偏离预警两个主要功能。其中，纵向车道偏离预警系统主要用于预防由于车速太快或方向失控引起的车道偏离碰撞；横向车道偏离预警系统主要用于预防由于驾驶人注意力不集中以及驾驶人放弃转向操作而引起的车道偏离碰撞。

2. 车道偏离预警系统的组成

车道偏离预警系统主要由道路和车辆状态感知、车道偏离评价算法和报警系统等模块组成，如图 4-15 所示。根据摄像头安装位置不同，可以将系统分为：侧视系统——摄像头安装在车辆侧面，斜指向车道；前视系统——摄像头安装在车辆前部，指向前方的车道。

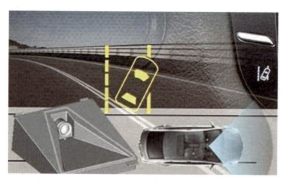

图 4-15　车道偏离预警系统示意图

3. 车道偏离预警系统的工作原理

当车道偏离预警系统开启时，摄像头会时刻采集行驶车道的标识线，通过图像处理获得汽车在当前车道中的位置参数，当检测到汽车偏离车道时，传感器会及时收集车辆数据和驾驶人的操作状态，之后由控制器发出警报信号，整个过程大约在 0.5s 内完成，为驾驶人提供更多的反应时间。如果驾驶人打开转向灯，正常进行变线行驶，那么车道偏离预警系统不会做出任何提示，如图 4-16 所示。

a）摄像头采集行驶车道标识线

b）系统工作过程示意图

图 4-16　车道偏离预警系统的工作过程

二、前向碰撞预警系统的认知

1. 前向碰撞预警系统的定义

前向碰撞预警系统（Forward Collision Warning System，FCWS）通过各种传感器，比如摄像头、雷达等，实时检测车辆前方的物体，并检测目标车辆距离本车的距离，如图 4-17 所示。当安全距离小于阈值时，发出警报提示驾驶人，有效降低了交通事故的发生概率。

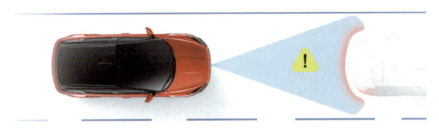

图 4-17 前向碰撞预警系统

2. 前向碰撞预警系统的工作原理

前向碰撞预警系统通过雷达来时刻监测前方车辆，判断本车与前车之间的距离、方位及相对速度，当存在潜在碰撞危险时对驾驶人进行警告。前向碰撞预警系统本身不会采取任何制动措施去避免碰撞或控制车辆。驾驶人可通过人机交互界面，关闭或打开前向碰撞警告功能。

3. 前向碰撞预警系统的警告方式

系统根据碰撞风险不同，将进行两种不同等级的警告，分别为预警告及紧急警告，不同的警告等级有不同的警告方式，分别为视觉警告、声音警告及短促制动警告。

1）预警告方式：因为预警告在碰撞风险较低情况下就会触发，误触发不可能完全避免。因此预警告使用较为柔和的视觉和声音的警告方式。

2）当系统计算碰撞风险超过一定程度时，系统将进行紧急警告，此时，仪表提示声将更加急促或长响，安全带会进行振动，同时系统将进行短促的制动，以提醒驾驶人。

三、盲区监测系统的认知

1. 盲区监测系统的定义

盲区监测系统（Blind Spot Information System，BLIS）通过雷达、摄像头等装置，在车辆行驶时对车辆两侧的盲区进行探测，如果有其他车辆进入盲区，会在后视镜或其他指定位置对驾驶人进行提示，从而告知驾驶人何时是换道的最好时机，大幅度降低了因换道而发生事故的概率。

2. 盲区监测系统的工作原理

盲区监测系统通过安装在后保险杠内的两个雷达传感器扫描车身侧后方的区域。当雷达扫描的范围内有车辆时，相应一侧外后视镜面 LED 指示灯会亮起提示，如图 4-18 所示。假如此时驾驶人操作该侧转向灯，或转动转向盘准备变道或超车时，外后视镜上的指示灯亮度会增强并多次闪动，同时通过中控大屏发出警告声，以提示驾驶人变道时存在风险。

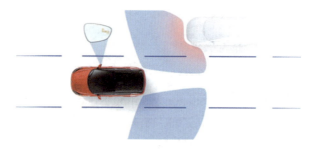

图 4-18 盲区监测系统

该功能主要通过后方雷达实现，因此在雨雾天气、夜间等视线不佳的环境下，也不受影响。当车辆行驶在两侧有混凝土墙、护栏或类似于建筑物体等静止物体的道路上时，不会针对这些静止物体触发警报。

【视野拓展】

酒后驾车、超速驾驶、疲劳驾驶、未保持安全车距、拒绝安全带是高速公路交通事故的常见原因，此外，停车不守法、开车打电话和低估天气因素也是高速公路交通事故的重要诱因。按事故的原因分析，驾驶人违章占 70%~80%，机动车机械故障原因小于 5%，道路及相关设施占 1%，行人违章占 15%。绝大多数的交通事故和驾驶人的不良驾驶习惯有非常大的关系。高级驾驶辅助系统（ADAS）可减少因为驾驶人违章操作而造成的交通事故。

智能网联汽车技术发展和应用是我国加快建设交通强国的重要内容，国家及地方政府在政策层面陆续制订多项智能网联汽车发展政策，加快营造良好的政策环境、持续推进标准规范体系建设。2020 年 12 月，交通运输部印发《关于促进道路交通自动驾驶技术发展和应用的指导意见》，提出要贯彻中央创新驱动发展战略，以关键技术研发为支撑，以典型场景应用示范为先导，以政策和标准为保障，坚持鼓励创新、多元发展、试点先行、确保安全的原则，坚持问题导向，提出了 4 个方面、12 项智能网联汽车发展具体任务。

【学习任务单】

预警类 ADAS 的认知	学习任务单	班级： 姓名：

1. 目前应用较多的预警类 ADAS 主要有_____、_____和_____等。

2. 前向碰撞预警系统根据碰撞风险不同，分别为_____及_____两种等级，不同的警告等级有不同的警告方式，分别为_____、_____及_____。

3. 车道偏离预警系统主要由_____、_____和_____等模块组成。

4. 盲区监测系统通过_____、_____等装置，在车辆行驶时对车辆两侧的____进行探测。

5. 请列举智能汽车预警类 ADAS 技术。

英文缩写	中文含义	主要功能
LDWS		
FCWS		
BLIS		

项目四　高级驾驶辅助系统（ADAS）的认知及故障检修

【任务实施】　预警类 ADAS 功能操作

◎ **实训器材**

智能汽车、车辆使用手册、维修手册等。

◎ **作业准备**

车辆在工位停放规范；熟悉车辆预警类 ADAS 安装位置及操作方法；铺好车内和车外护套。

◎ **操作步骤**

一、车道偏离预警系统功能操作

操作示意图	操作方法	操作标准
	向客户介绍车道偏离预警系统功能	当车速 ≥ 60km/h 且道路标识线清晰可见时，车道偏离预警功能启用 如果转向信号指示灯处于开启状态或驾驶人有明显的转向意图（如快速转动转向盘等），车道偏离预警系统将不会发出警示
	车辆 READY 后，车道偏离预警系统开关状态默认为上一次操作状态，单击 进入控制界面，单击"辅助驾驶"按钮，进入辅助驾驶界面，单击"车道偏离预警"开关开启或关闭车道偏离预警系统	如果车道偏离预警系统功能故障，车道偏离预警开关显示灰色且不可操作，需进行车辆维修

二、前向碰撞预警系统功能操作

操作示意图	操作方法	操作标准
	向客户介绍前向碰撞预警系统功能	—

175

（续）

操作示意图	操作方法	操作标准
前向碰撞预警	车辆 READY 后，前向碰撞预警默认为开启状态，单击 进入控制界面后，单击"辅助驾驶"按钮，进入辅助驾驶界面，单击"前向碰撞预警"开关开启或关闭前向碰撞预警系统	当前向碰撞预警发生故障时，仪表板会点亮系统灯，需进行车辆维修

【工作任务单】

预警类 ADAS 功能操作	工作任务单	班级：	
		姓名：	

1. 记录车辆信息

品牌		整车型号		生产年月	
驱动电机型号		动力蓄电池电量		行驶里程	
车辆识别代号					

2. 作业场地准备

检查设置隔离栏	□是 □否
检查设置安全警示牌	□是 □否
检查灭火器压力、有效期	□是 □否
安装车辆挡块	□是 □否

3. 车道偏离预警系统功能操作

车道偏离预警系统操作过程	
车道偏离预警系统使用注意事项	

4. 前向碰撞预警系统功能操作

前向碰撞预警系统操作过程	
前向碰撞预警系统使用注意事项	

5. 作业场地恢复

拆卸车内三件套	□是 □否
拆卸翼子板布	□是 □否
将高压警示牌等放至原位置	□是 □否
清洁、整理场地	□是 □否

项目四 高级驾驶辅助系统（ADAS）的认知及故障检修

【任务评价】

预警类 ADAS 功能操作		实习日期：			
姓名：	班级：	学号：		教师签名：	
自评：□熟练 □不熟练	互评：□熟练 □不熟练	师评：□合格 □不合格			
日期：	日期：	日期：			

预警类 ADAS 功能操作【评分细则】						
序号	评分项	得分条件	分值	评分要求	自评	互评	师评
1	安全/7S/态度	□1. 能进行工位 7S 操作 □2. 能进行设备和工具安全检查 □3. 能进行车辆安全防护操作 □4. 能进行工具清洁、校准、存放操作 □5. 能进行三不落地操作	15	未完成 1 项扣 3 分	□熟练 □不熟练	□熟练 □不熟练	□合格 □不合格
2	专业技能能力	□1. 能向客户介绍预警类 ADAS 的定义 □2. 能向客户介绍预警类 ADAS 的功能 □3. 能正确查找预警类 ADAS 的安装位置 □4. 能正确进入预警类 ADAS 操作界面 □5. 能向客户介绍车道偏离预警系统的操作过程 □6. 能向客户介绍前向碰撞预警系统的操作过程	50	未完成 1 项扣 9 分，扣分不得超过 50 分	□熟练 □不熟练	□熟练 □不熟练	□合格 □不合格
3	工具及设备的使用能力	□1. 能正确使用车辆中控屏 □2. 能正确使用维护工具 □3. 能正确使用技术资料	10	未完成 1 项扣 5 分，扣分不得超过 10 分	□熟练 □不熟练	□熟练 □不熟练	□合格 □不合格
4	资料、信息查询能力	□1. 能正确查询预警类 ADAS 的功能 □2. 能正确使用车辆维修手册查询资料 □3. 能正确记录查询资料章节及页码 □4. 能正确记录所需维修信息	10	未完成 1 项扣 3 分，扣分不得超过 10 分	□熟练 □不熟练	□熟练 □不熟练	□合格 □不合格
5	数据判断和分析能力	□1. 能判断车辆上电是否正常 □2. 能判断中控屏工作是否正常 □3. 能判断预警类 ADAS 工作是否正常	10	未完成 1 项扣 4 分，扣分不得超过 10 分	□熟练 □不熟练	□熟练 □不熟练	□合格 □不合格
6	表单填写及报告撰写能力	□1. 字迹清晰 □2. 语句通顺 □3. 无错别字 □4. 无涂改 □5. 无抄袭	5	未完成 1 项扣 1 分	□熟练 □不熟练	□熟练 □不熟练	□合格 □不合格
总分：						

任务二　预警类 ADAS 的故障检修

预警类 ADAS 通过雷达、视觉传感器等环境感知传感器实时监测行车环境信息，并在车辆可能发生危险时发出警告信息。前面已经介绍过视觉传感器，本任务主要介绍在预警类 ADAS 中应用的雷达。

【学习目标】

◎ 知识目标

1）掌握预警类 ADAS 中应用的各类雷达的结构和工作原理。
2）掌握车载激光雷达的安装方法。
3）掌握车载激光雷达的标定方法。

◎ 技能目标

1）具有准确测量激光雷达安装的中心位置的能力。
2）具有正确安装激光雷达的能力。
3）具有绘制激光雷达线束连接图并正确连接激光雷达线束的能力。
4）具有解释激光雷达的标定原理的能力。

◎ 素养目标

1）培养学生良好的安全意识。
2）培养学生良好的团队合作意识。
3）能够制订工作流程，具备分析问题、解决问题的能力。
4）能在工作结束后按照 7S 管理规定整理，养成良好的工作习惯。
5）在拆卸、安装 ADAS 部件时，能按照规范流程仔细操作，认真检查，培养学生精益求精的工作态度和质量意识。

【任务描述】

某品牌智能汽车的一位客户反映自己车辆的部分高级驾驶辅助系统无法工作。经过诊断，其根本原因是车载激光雷达不工作导致，维修工程师需要重新安装和标定激光雷达。

【获取信息】

一、激光雷达的认知

1. 激光雷达的概念

激光雷达（Light Detection and Ranging，LiDAR），是一种光学遥感传感器，它通过向目标物体发射激光，然后根据接收 - 反射的时间间隔确定目标物体的实际距离，根据距离及激光发射的角度，通过几何变化推导出物体的位置信息。激光雷达能够确定物体的位置、大小、外部形貌甚至材质。

激光雷达采集到的物体信息呈现出一系列分散的、具有准确角度和距离信息的点，被称为点云。图 4-19 为激光雷达工作过程中的点云图。

图 4-19 激光雷达工作过程中的点云图

激光雷达是工作在光频波段的雷达，它利用光频波段的电磁波先向目标发射探测信号，然后将其接收到的信号与发射信号相比较，从而获得目标的位置（距离、方位和高度）、运动状态（速度、姿态）等信息，实现对目标的探测、跟踪和识别。

与传统雷达使用无线电波相比，激光雷达使用激光射线，其射线波长一般在 600~1000nm，远远低于传统雷达所使用的波长。因此，激光雷达在测量物体距离和表面形状时可达到更高的精度，一般可以达到厘米级。

2. 激光雷达的特点

（1）**分辨率高** 激光雷达可以获得极高的角度、距离和速度分辨率。

（2）**探测范围广** 探测距离可达 300m 左右。

（3）**信息量丰富** 可直接获取探测目标的距离、角度、反射强度、速度等信息，生成目标多维度图像。

（4）**全天候工作** 激光主动探测，不依赖于外界光照条件或目标本身的辐射特性。

3. 车载激光雷达的类型

（1）**按扫描方式分类** 车载激光雷达根据其扫描方式的不同，可分为机械式激光雷达和固态激光雷达。机械式激光雷达外表上最大的特点就是有机械旋转机构。我们看到的智能网联测试车车顶上较复杂的圆柱形装置即为机械式激光雷达，如图 4-20 所示。

机械式激光雷达调试、装配工艺复杂，生产周期长，成本居高不下，并且机械部件寿命不长，难以满足苛刻的车规级要求。另外，机械式激光雷达由于光学结构固定，适配不同车辆往往需要精密调节其位置和角度。因此，激光雷达生产商都在着手开发性能更好、体积更小、集成化程度更高，并且成本更低的激光雷达。

固态激光雷达不存在旋转的机械结构，其结构简单、尺寸小，所有的激光探测水平和垂直视角都是通过电子方式实现的，并且装配调试可以实现自动化，能够量产，成本大幅降低，设备的耐用性也有效地提高了，固态激光雷达是必然的技术发展路线，如图 4-21 所示。

图 4-20 机械式激光雷达　　　　　　　　图 4-21 固态激光雷达

（2）按雷达线数分类　根据线数的多少，激光雷达分为单线激光雷达和多线激光雷达。单线激光雷达扫描一次只产生一条扫描线，其所获得的数据为 2D 数据，因此无法区别有关目标物体的 3D 信息。在智能汽车上，单线激光雷达主要用于规避障碍物、地形测绘等领域。

多线激光雷达扫描一次可产生多条扫描线，主要应用于障碍物的雷达成像，相比单线激光雷达在维度提升和场景还原上有了质的改变，可以识别物体的高度信息，目前市场上多线产品包括 4 线、8 线、16 线、32 线、64 线等。其细分可分为 2.5D 激光雷达及 3D 激光雷达。2.5D 激光雷达与 3D 激光雷达最大的区别在于激光雷达垂直视野的范围，前者垂直视野范围一般不超过 10°，而后者可达到 30° 甚至 40° 以上，这也就导致两者对于激光雷达在汽车上的安装位置要求有所不同。

（3）其他分类方式　此外，激光雷达按照功能用途，可以分为激光测距雷达、激光测速雷达、激光成像雷达、大气探测雷达和跟踪雷达等；按照激光发射波形可分为连续型激光雷达和脉冲型激光雷达；按载荷平台可分为机载激光雷达和车载激光雷达；按探测方式可分为直接探测激光雷达和相干探测激光雷达。

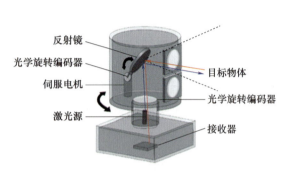

图 4-22　激光雷达的组成

4. 车载激光雷达的基本组成

激光雷达由激光发射器、扫描与光学部件和感光部件组成，如图 4-22 所示。

二、激光雷达的工作原理

现今市场上主流的车载激光雷达主要是基于 3 种原理测距：三角测距法、飞行时间（Time of Flight，TOF）测距法和调幅连续波（Amplitude Modulated Continuous Wave，AMCW）测距法。以飞行时间（TOF）法为例介绍激光雷达的测距原理。

TOF 测距法就是根据激光遇到障碍物后的折返时间，通过光速计算目标与雷达的相对距离，如图 4-23 所示。激光光束可以准确测量视场中物体轮廓边沿与设备间的相对距离，这些轮廓信息组成点云图并绘制出 3D 环境地图。

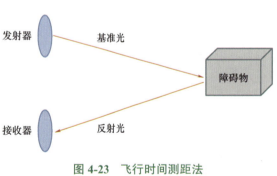

图 4-23　飞行时间测距法

【视野拓展】　北斗三号全球卫星导航系统开启建设发展新征程

2020 年 7 月 31 日，北斗三号全球卫星导航系统正式开通，这标志着北斗事业进入到全球服务新时代。开通以来，系统运行稳定，持续为全球用户提供优质服务，开启全球化、产业化新征程。

经全球连续监测评估系统实时测试表明，北斗三号全球卫星导航系统定位、测速、授时精度，以及服务的可用性、连续性等均满足指标要求。目前，国家有关部门正采取有效举措，全面提高对全系统的运维保障和应急处置能力，确保系统高可靠、高安全、高质量运行。

系统应用正从区域走向全球。支持北斗三号的国产北斗芯片、模块等关键技术全面突破，性能指标与国际同类产品相当，已在各行各业广泛应用。国产北斗基础产品已出口至120余个国家和地区，基于北斗的土地确权、精准农业、数字施工、智慧港口等，已在东盟、南亚、东欧、西亚、非洲等地成功应用，服务当地经济社会发展，有力支撑国家"一带一路"倡议实施。

目前，国家有关部门已将北斗产业发展列入国家"十四五"规划重点项目。"十四五"期间，国家各部门和地方政府将统筹规划、分工协作，加强技术创新，在北斗产业高质量发展和重点领域国产化替代及规模化应用上谋求新突破。鼓励"北斗+""+北斗"技术创新，加强北斗与物联网、无人驾驶、人工智能、5G通信、区块链等战略前沿技术的交叉融合，推动北斗融入新基建，催生新业态、新产业，力争到"十四五"末期，我国卫星导航与位置服务总体产值翻一番，突破万亿元大关，全球市场份额翻两番，实现北斗产业化向更宽范围、更高水平、更高层次迈进。按照计划，我国2035年前还将建成更加泛在、更加融合、更加智能的国家综合定位导航授时体系，构建覆盖天空地海、基准统一、高精度、高安全、高智能、高弹性、高效益的时空信息服务基础设施，服务全球，造福人类。

【学习任务单】

预警类ADAS的故障检修	学习任务单	班级：
		姓名：

1. 激光雷达是一种光学遥感传感器，它通过向目标物体发射_____，然后根据接收-反射的_____确定目标物体的_____，根据_____及激光发射的_____，通过几何变化推导出物体的位置信息。

2. 激光雷达的特点包括_____、_____、_____和_____。

3. 车载激光雷达根据其扫描方式的不同，可分为_____和_____。

4. 根据线数的多少，激光雷达分为_____和_____。

5. 激光雷达由_____、_____和_____组成。

6. 请查阅资料列举激光雷达在智能网联汽车ADAS中的应用。

应用场景	主要作用

【任务实施】 车载激光雷达的安装

◎ 实训器材

车载激光雷达、智能汽车、专用工具、支架、激光雷达适配盒、线束等。

◎ 作业准备

车辆在工位停放规范;准备工具;熟悉车载激光雷达的安装位置;做好工位防护。

◎ 操作步骤

操作示意图	操作方法	操作标准
固态激光雷达 固态激光雷达的安装位置 单线激光雷达 单线激光雷达的安装位置 多线激光雷达 多线激光雷达的安装位置	确定激光雷达的安装位置	固态激光雷达安装在车辆前部 单线激光雷达安装在车辆前部 多线激光雷达一般安装在车辆顶部和侧部
激光雷达安装基座　激光雷达	确定车辆顶部多线激光雷达的安装位置和尺寸	$a=b$,其尺寸根据实际测量标定 $c=d$,其尺寸根据实际测量标定

（续）

操作示意图	操作方法	操作标准
	确定激光雷达的安装高度以及安装角度	安装高度根据前方障碍物高度进行调整，横向安装位置为车辆正中央轴线上，目标倾角为最终应实现的激光线束101中轴线111与水平线102的夹角，一般要求为15°
	定位激光雷达安装位置	用米尺确定车辆前后中间位置，测量两个横梁中间位置，中心距离为25cm
	在安装位置进行打孔	使用电钻在测量好的位置打孔
	安装支架	将车顶横杆支架安装在车辆前后中间位置
	测量中间位	测量车辆左右中间位置，中心点为30cm
	使用内六角头螺栓组件将安装基座下部固定在横梁中间位置	安装底座上的定位柱应严格遵循激光雷达底部定位柱的深度，定位柱的高度不能高于4mm

(续)

操作示意图	操作方法	操作标准
	安装中间铰件	使用内六角套筒件安装中间铰件
	安装上部基座	将上部基座安装在中间铰件上
	将激光雷达传感器安装在上部基座上	安装时电气连接座朝向车辆后方，使用水平仪调整安装基座角度并紧固，左右角度为0°，前倾角度为0°
	安装激光雷达适配盒	将激光雷达适配盒固定在安装板上

项目四　高级驾驶辅助系统（ADAS）的认知及故障检修

（续）

操作示意图	操作方法	操作标准
计算平台—网线—激光雷达；电源—激光雷达适配盒	安装控制线束，将激光雷达电源及控制线束与其他功能部件连接	安装线束时，不要将雷达上面的线拉得太紧，需要保持线缆具有一定的松弛量

【工作任务单】

车载激光雷达的安装	工作任务单	班级： 姓名：

1. 记录车辆信息

车辆型号		雷达类型		生产年月	

2. 作业场地准备

检查设置隔离栏	□是　□否
检查设置安全警示牌	□是　□否
检查灭火器压力、有效期	□是　□否
安装车辆挡块	□是　□否

3. 激光雷达的安装

安装步骤	

4. 线束的连接

绘制线束连接图	

5. 作业场地恢复

整理工具	□是　□否
拆除防护用品	□是　□否
将高压警示牌等放至原位置	□是　□否
清洁、整理场地	□是　□否

【任务评价】

车载激光雷达的安装		实习日期：	
姓名：	班级：	学号：	教师签名：
自评：□熟练 □不熟练	互评：□熟练 □不熟练	师评：□合格 □不合格	
日期：	日期：	日期：	

车载激光雷达的安装【评分细则】

序号	评分项	得分条件	分值	评分要求	自评	互评	师评
1	安全/7S/态度	□1. 能进行工位 7S 操作 □2. 能进行设备和工具安全检查 □3. 能进行车辆安全防护操作 □4. 能进行工具清洁、校准、存放操作 □5. 能进行三不落地操作	15	未完成1项扣3分	□熟练 □不熟练	□熟练 □不熟练	□合格 □不合格
2	专业技能能力	□1. 能正确找到激光雷达的安装位置 □2. 能准确测量中心位置 □3. 能正确装配支架 □4. 能正确安装激光雷达 □5. 能正确安装激光雷达适配器 □6. 能绘制激光雷达线束连接图 □7. 能正确连接激光雷达线束 □8. 能解释激光雷达的标定原理	50	未完成1项扣7分，扣分不得超过50分	□熟练 □不熟练	□熟练 □不熟练	□合格 □不合格
3	工具及设备的使用能力	□1. 能正确使用测量工具 □2. 能正确使用万用表 □3. 能正确使用安装工具	10	未完成1项扣4分，扣分不得超过10分	□熟练 □不熟练	□熟练 □不熟练	□合格 □不合格
4	资料、信息查询能力	□1. 能正确查询激光雷达端子含义 □2. 能正确使用维修手册查询资料 □3. 能正确记录查询资料章节及页码 □4. 能正确记录所需维修信息	10	未完成1项扣3分，扣分不得超过10分	□熟练 □不熟练	□熟练 □不熟练	□合格 □不合格
5	数据判断和分析能力	□1. 能判断测量数据是否正常 □2. 能判断激光雷达安装角度是否正常 □3. 能判断激光雷达供电电压是否正常	10	未完成1项扣4分，扣分不得超过10分	□熟练 □不熟练	□熟练 □不熟练	□合格 □不合格
6	表单填写及报告撰写能力	□1. 字迹清晰 □2. 语句通顺 □3. 无错别字 □4. 无涂改 □5. 无抄袭	5	未完成1项扣1分	□熟练 □不熟练	□熟练 □不熟练	□合格 □不合格
总分：							

学习情境三

主动控制类 ADAS 的认知及故障检修

任务一　主动控制类 ADAS 的认知

【学习目标】

◎ 知识目标

1）掌握常用的主动控制类 ADAS 的定义。
2）掌握常用的主动控制类 ADAS 的功能。
3）熟悉常用的主动控制类 ADAS 的工作原理。

◎ 技能目标

1）具有向客户介绍常用的主动控制类 ADAS 的能力。
2）具有解释常用的主动控制类 ADAS 的功能应用的能力。

◎ 素养目标

1）培养学生良好的安全意识。
2）培养学生良好的团队合作意识。
3）养成 7S 的工作习惯。
4）向客户介绍主动控制类 ADAS 时，能详细解析系统的功能和对于行车安全的重要性，以培养学生精益求精的工作态度和道路安全意识。

【任务描述】

某 4S 店服务顾问接待了一位客户，客户反映对自己车辆的自适应巡航控制系统、自动紧急制动系统等新技术不是很了解，需要服务顾问进行讲解。

【获取信息】

主动控制类 ADAS 是指通过雷达、视觉传感器等环境感知传感器实时检测行车环境信息，并在车辆可能发生危险时发出警告信号，必要时会主动介入车辆的横纵向运动控制，从而防止发生危险或减轻事故伤害。有些主动控制类 ADAS 是在预警类 ADAS 的基础上进行设计开发的,比如车道保持辅助系统包含车道偏离预警和车道保持辅助功能。目前应用较多的主动控制类 ADAS,包括自适应巡航控制系统、车道保持辅助系统、自动紧急制动系统和自动泊车辅助系统等。

一、自适应巡航控制系统的认知

1. 自适应巡航控制系统的定义

自适应巡航控制系统(Adaptive Cruise Control,ACC)通过安装在车辆前部的车距传感器(一般为毫米波雷达),持续扫描车辆前方道路,从而得知前车的车速与相对距离,行驶中会自动侦测车速,与前方车辆保持安全距离,在设定的速度范围内自动调整行驶速度,以适应前方车辆和/或道路条件等引起的驾驶环境变化。

自适应巡航控制系统是在传统巡航控制系统(Cruise Control System,CCS)的基础上发展而来的。相比只能根据驾驶人设置的速度进行恒定速度巡航的传统巡航控制系统,自适应巡航控制系统可以对前方车辆进行识别,从而实现智能跟车效果。

图 4-24 所示为自适应巡航控制系统工作示意图,自适应巡航控制系统工作状态下,当雷达侦测到前方有慢车时,开始减速将车速调节至与前方车辆相同,并保持安全距离。当前方车辆离开后,再将车速调回到预先设定的车速。

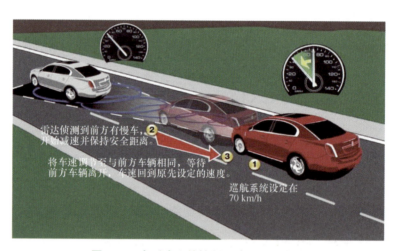

图 4-24 自适应巡航控制系统工作示意图

2. 自适应巡航控制系统的组成

典型自适应巡航控制系统主要由信息感知单元、电子控制单元(ECU)、执行单元和人机交互界面等组成。

(1)信息感知单元 信息感知单元主要用于向电子控制单元(ECU)提供自适应巡航控制所需要的各种信息。它包括测距传感器、转速传感器、转向角传感器、节气门位置传感器和制动踏板传感器等。

测距传感器用来获取车间距离信号,一般使用毫米波雷达或激光雷达,如图 4-25 所示;转速传感器用于获取实时车速信号;转向角传感器用

图 4-25 测距传感器的安装位置及工作示意图

于获取汽车转向信号；节气门位置传感器用于获取节气门开度信号；制动踏板传感器用于获取制动踏板动作信号。

（2）ECU　ECU 根据驾驶人所设定的安全车距及巡航行驶速度，结合信息感知单元传送来的信息确定当前车辆的行驶状态，做出车辆的控制决策，并输出给执行单元。例如当两车间的距离小于设定的安全距离时，ECU 计算实际车距和安全车距之差及相对速度的大小，选择减速方式，同时通过报警器向驾驶人发出警告，提醒驾驶人采取相应的措施。

（3）执行单元　执行单元主要执行 ECU 发出的指令，它包括节气门控制器、制动控制器、档位控制器和转向控制器等，节气门控制器用于调整节气门的开度，使车辆做加速、减速及定速行驶；制动控制器用于紧急情况下的制动；档位控制器用于控制车辆变速器的档位；转向控制器用于控制车辆的行驶方向。

（4）人机交互界面　人机交互界面用于驾驶人设定系统参数及系统状态信息的显示等。驾驶人可通过设置在仪表盘或转向盘上的人机界面启动或清除 ACC 系统控制指令。启动 ACC 系统时，要设定当前车辆在巡航状态下的车速和与目标车辆间的安全距离，否则 ACC 系统将自动设置为默认值，但所设定的安全距离不可小于设定车速下交通法规所规定的安全距离。

3. 自适应巡航控制系统的工作原理

在车辆行驶过程中，安装在车辆前部的车距传感器持续扫描车辆前方道路，同时轮速传感器采集车速信号。当车辆前方无障碍物时，车辆按设定的速度巡航行驶；当行驶车道的前方有其他前行车辆时，自适应巡航控制系统 ECU 将根据本车和前车之间的相对距离及相对速度等信息，通过与 ABS、发动机控制系统、自动变速器控制系统协调动作，对车辆纵向速度进行控制，使本车与前车始终保持安全距离行驶。

自适应巡航控制系统的工作示意图如图 4-26 所示，共有 4 种典型的操作，即巡航控制、减速控制、跟随控制和加速控制。图中假设当前车辆设定车速为 100km/h，目标车辆行驶速度为 80km/h。

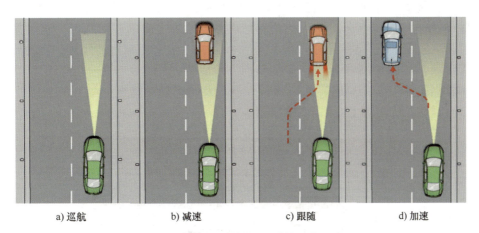

图 4-26　自适应巡航控制系统的工作示意图

1）当前方无车辆时，主车将处于普通的巡航驾驶状态，按照驾驶人设定的车速行驶（100km/h），驾驶人只需要进行方向的控制。

2）当车辆前方出现目标车辆时，如果目标车辆的速度（80km/h）小于主车时，主车将自动开始进行减速控制（由 100km/h 降到 80km/h），确保两车的距离为所设定的安全距离。

3）当两车之间的距离等于安全车距后，采取跟随控制，即与目标车辆以相同的车速行驶（80km/h）。

4）当前方的目标车辆发生移线，或主车移线行驶使得主车前方又无行驶车辆时，自适应巡航控制系统将对主车进行加速控制，使主车恢复至设定的行驶速度（100km/h）。

二、车道保持辅助系统的认知

车道保持辅助系统（Lane Keep Assist System，LKAS）通过前视摄像头实时监测车辆与车道线的相对位置，持续或在必要情况下介入车辆横向运动控制，使车辆保持在原车道内行驶，如图4-27所示。

车道保持辅助系统有两种功能可供选择：车道偏离辅助修正功能和车道保持功能。目前该系统主要应用于结构化的道路上，如在高速公路和路面条件较好（车道线清晰）的公路上行驶时，当车速达到60km/h或以上时才开始启动运行。

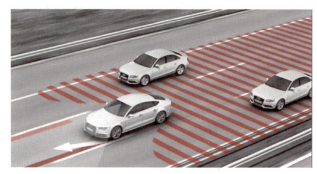

图4-27　车道保持辅助系统

三、自动紧急制动系统的认知

1. 自动紧急制动系统的定义

自动紧急制动系统（Autonomous Emergency Braking，AEB），又称为自动制动辅助系统，主要由3个模块构成，包括测距模块、控制模块和制动模块。

2. 自动紧急制动系统的工作原理

自动紧急制动系统利用车载传感器（如雷达、摄像头等）探测本车前方的车辆、行人及其他障碍物，并检测本车运动状态及其与前方障碍物之间的相对距离、相对速度等信息，然后利用数据分析模块将测出的距离与警报距离、安全距离进行比较，实时判断是否存在碰撞危险，如图4-28所示。当车辆与前方障碍物之间的距离小于报警距离时就进行报警提示，当小于安全距离时，如果驾驶人没有及时踩制动踏板，AEB系统会主动干预使汽车自动制动，从而防止追尾事故的发生。

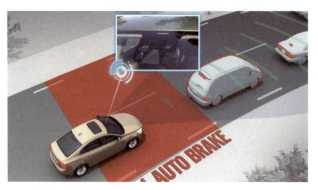

图4-28　自动紧急制动系统

如存在碰撞风险时，首先发出报警信息提醒驾驶人进行制动操作以避免碰撞，若驾驶人未能及时对报警信息做出响应，系统将在紧急情况下通过自动制动来减轻碰撞的程度。

项目四 高级驾驶辅助系统（ADAS）的认知及故障检修

四、自动泊车辅助系统的认知

1. 自动泊车辅助系统的定义

自动泊车辅助系统（Autonomous Park Assist，APA）主要由信息检测单元、ECU 和执行单元等组成，利用车载传感器探测有效泊车空间并辅助控制车辆完成泊车操作。相比于传统的电子辅助功能，比如倒车雷达、倒车影像显示等，自动泊车辅助系统智能化程度更高，减轻了驾驶人的操作负担，有效降低了泊车的事故率。

2. 自动泊车辅助系统的工作原理

遍布车辆周围的雷达探头测量自身与周围物体之间的距离和角度，然后通过车载计算平台计算出操作流程配合车速调整转向盘转角，驾驶人只需要控制车速即可。自动泊车辅助系统可采集图像数据及周围物体距车身的距离数据，并通过数据线传输给 ECU；ECU 将采集到的数据分析处理后，得出汽车的当前位置、目标位置以及周围的环境参数，依据上述参数做出自动泊车策略，并将其转换成电信号；车辆控制系统接受电信号后，依据指令做出汽车泊车时相应执行动作的操控。

自动泊车辅助系统通过安装在车身上的摄像头、超声波雷达以及红外传感器，探测停车位置，绘制停车地图，并实时动态规划泊车路径，将汽车指引或者直接操控转向盘驶入停车位，如图 4-29 所示。

图 4-29　自动泊车辅助系统

【视野拓展】

车联网（智能网联汽车）产业是汽车、电子、信息通信、道路交通运输等行业深度融合的新型产业形态。发展车联网产业，有利于提升汽车网联化、智能化水平，实现自动驾驶，发展智能交通，促进信息消费，对我国推进供给侧结构性改革、推动制造强国和网络强国建设、实现高质量发展具有重要意义。

《车联网（智能网联汽车）产业发展行动计划》指出：以网络通信技术、电子信息技术和汽车制造技术融合发展为主线，充分发挥我国网络通信产业的技术优势、电子信息产业的市场优势和汽车产业的规模优势，优化政策环境，加强跨行业合作，突破关键技术，夯实产业基础，推动形成深度融合、创新活跃、安全可信、竞争力强的车联网产业新生态。

充分利用各种创新资源，加快智能网联汽车关键零部件及系统开发应用，重点突破智能网联汽车复杂环境感知、新型电子电气架构、车辆平台线控等核心技术。加快车载视觉系统、激光/毫米波雷达、多域控制器、惯性导航等感知器件的联合开发和成果转化。加快推动智能车载终端、车规级芯片等关键零部件的研发，促进新一代人工智能、高精度定位及动态地图等技术在智能网联汽车上的产业化应用。加快推动高性能车辆智能驱动、线控制动、线控转向、电子稳定系统的开发和产业化,实现对车辆的精确、协调和可靠控制。通过持续努力,推动车联网产业实现跨越发展,技术创新、标准体系、基础设施、应用服务和安全保障体系全面建成,高级别自动驾驶功能的智能网联汽车和5G-V2X逐步实现规模化商业应用,"人-车-路-云"实现高度协同,人民群众日益增长的美好生活需求得到更好满足。

【学习任务单】

主动控制类ADAS的认知	学习任务单	班级： 姓名：

1. 目前应用较多的主动控制类ADAS主要有_____、_____、_____和_____等。
2. 自适应巡航控制系统主要由_____、_____、_____和_____等组成。
3. 自动紧急制动系统又称为自动制动辅助系统,主要_____、_____和_____组成。
4. 自动泊车辅助系统主要由_____、_____和_____等组成,利用_____探测有效泊车空间并辅助控制车辆完成泊车操作。
5. 请列举智能汽车主动控制类ADAS技术。

英文缩写	中文含义	主要功能
ACC		
LKAS		
AEB		
APA		

【任务实施】 主动控制类ADAS功能操作

◎ **实训器材**

智能汽车、车辆使用手册、维修手册等。

◎ **作业准备**

车辆在工位停放规范;熟悉车辆主动控制类ADAS安装位置及操作方法;铺好车内和车外护套。

项目四　高级驾驶辅助系统（ADAS）的认知及故障检修

◎ 操作步骤

一、自适应巡航控制系统功能操作

操作示意图	操作方法	操作标准
	向客户介绍自适应巡航控制系统功能	自适应巡航系统（ACC）是一项舒适性的辅助驾驶功能，如果车辆前方畅通，ACC 将保持设定的最大巡航速度向前行驶；如果检测到前方有车辆，ACC 将根据需要降低车速，与前车保持基于选定时间的距离，直到达到合适的巡航速度
	操作自适应巡航系统	车辆 READY 后，首次无法通过上下拨杆进入 ACC，除非探测到前方有车辆，否则必须在本车速度高于 15km/h 时才能使用自适应巡航系统；如果探测到前方有车辆，则可在任何车速下启动 ACC，即使静止状态也可以，但与前车的距离会至少为 2m；最低设定速度为 30 km/h，最高设定速度为 120 km/h；驾驶人有责任根据道路状况和车速限制设定安全的车速巡航 仪表板在行驶速度左侧显示灰色的车速表图标，表示可以使用 ACC 但尚未激活
	沿②的方向拨动一次巡航控制手柄，启用自适应巡航功能，成功激活 ACC 后，仪表板的指示灯将变成蓝色	启用 ACC 后，系统会辅助驾驶人控制车辆速度，由 ACC 保持设定的速度，未检测到前方有车辆时，ACC 会保持在设定的速度行驶；如果检测到前方有车辆，ACC 会根据需要提高或降低车辆的速度，在设定速度之下保持选择的跟车距离
	以设定的车速行驶时，沿④或⑤方向拨动巡航控制手柄后松开，调整已设定的巡航速度	ACC 主动降低车速以便与前车保持选定距离时，制动灯亮起，提醒其他道路使用者该车正在减速，但是当 ACC 在控制车辆加速时，加速踏板不会移动
	调节跟车距离	转动巡航控制手柄，从设置中选择一项设置，每种设置对应一个基于时间的距离，其中基于时间的距离表示车辆从当前位置到达前车尾部所需的时间 系统将对驾驶人的跟车距离设置进行记忆，车辆重新 READY 后，默认为上一次设置的跟车距离

193

(续)

操作示意图	操作方法	操作标准
	调节最大巡航速度	沿④(向上加速)或⑤(向下减速)的方向拨动巡航控制手柄,直至显示所需的设定速度后松开 将手柄沿④或⑤方向短促拨动一次后松开,可以单次加速或减速 将手柄持续保持在完全向上或向下位置来执行持续加速或减速 踩下加速踏板的同时,向②方向拨动巡航控制手柄也可以更新最大巡航速度
	取消和恢复自适应巡航	短暂地沿③方向推动巡航控制手柄或踩下制动踏板,仪表板上的车速表图标变成灰色或者消失,表示 ACC 并未控制车速 要将巡航控制恢复到先前设置的车速,可沿④或⑤方向拨动巡航控制手柄后松开 要以当前行驶速度恢复巡航,可沿②方向拨动一次巡航控制手柄

二、自动泊车辅助系统功能操作

操作示意图	操作方法	操作标准
	以小于 24km/h 的速度缓慢行驶,观察仪表板,直至仪表板显示一个泊车车位图标	只有找到符合要求的车位以及车辆的位置和周围环境符合智能辅助泊车时,泊车图标才会出现,寻找车位过程中,保持车辆与车位横向距离 1~2m 区间内
	将车辆停止,保持制动	查看和确认停车位是否适宜、安全,如果适宜停车,则挂入倒档,此时中控屏将显示智能辅助泊车界面

（续）

操作示意图	操作方法	操作标准
	单击智能辅助泊车界面的"开始"按钮，车辆开始执行泊车入库，泊车完成后，触摸屏将显示"泊车已完成"提示	驾驶人需继续保持对周围环境的观察，确保功能使用的过程是安全的

【工作任务单】

主动控制类ADAS功能操作	工作任务单	班级： 姓名：	

1. 记录车辆信息

品牌		整车型号		生产年月	
驱动电机型号		动力蓄电池电量		行驶里程	
车辆识别代号					

2. 作业场地准备

检查设置隔离栏	□是 □否
检查设置安全警示牌	□是 □否
检查灭火器压力、有效期	□是 □否
安装车辆挡块	□是 □否

3. 自适应巡航系统功能操作

自适应巡航控制系统操作过程	

4. 自动泊车辅助系统功能操作

自动泊车辅助系统操作过程	

5. 作业场地恢复

拆卸车内三件套	□是 □否
拆卸翼子板布	□是 □否
将高压警示牌等放至原位置	□是 □否
清洁、整理场地	□是 □否

【任务评价】

主动控制类 ADAS 功能操作		实习日期：		
姓名：	班级：	学号：		教师签名：
自评：□熟练 □不熟练	互评：□熟练 □不熟练	师评：□合格 □不合格		
日期：	日期：	日期：		

主动控制类 ADAS 功能操作【评分细则】

序号	评分项	得分条件	分值	评分要求	自评	互评	师评
1	安全/7S/态度	□1. 能进行工位 7S 操作 □2. 能进行设备和工具安全检查 □3. 能进行车辆安全防护操作 □4. 能进行工具清洁、校准、存放操作 □5. 能进行三不落地操作	15	未完成 1 项扣 3 分	□熟练 □不熟练	□熟练 □不熟练	□合格 □不合格
2	专业技能能力	□1. 能向客户介绍主动控制类 ADAS 的定义 □2. 能向客户介绍主动控制类 ADAS 的功能 □3. 能正确查找主动控制类 ADAS 的安装位置 □4. 能正确进入主动控制类 ADAS 的操作界面 □5. 能向客户介绍自适应巡航控制系统的操作过程 □6. 能向客户介绍自动泊车辅助系统的操作过程	50	未完成 1 项扣 9 分，扣分不得超过 50 分	□熟练 □不熟练	□熟练 □不熟练	□合格 □不合格
3	工具及设备的使用能力	□1. 能正确使用车辆中控屏 □2. 能正确使用维护工具 □3. 能正确使用技术资料	10	未完成 1 项扣 5 分，扣分不得超过 10 分	□熟练 □不熟练	□熟练 □不熟练	□合格 □不合格
4	资料、信息查询能力	□1. 能正确查询主动控制类 ADAS 的功能 □2. 能正确使用车辆使用手册查询资料 □3. 能正确记录查询资料章节及页码 □4. 能正确记录所需维修信息	10	未完成 1 项扣 3 分，扣分不得超过 10 分	□熟练 □不熟练	□熟练 □不熟练	□合格 □不合格
5	数据判断和分析能力	□1. 能判断车辆上电是否正常 □2. 能判断中控屏工作是否正常 □3. 能判断主动控制类 ADAS 工作是否正常	10	未完成 1 项扣 4 分，扣分不得超过 10 分	□熟练 □不熟练	□熟练 □不熟练	□合格 □不合格
6	表单填写及报告撰写能力	□1. 字迹清晰 □2. 语句通顺 □3. 无错别字 □4. 无涂改 □5. 无抄袭	5	未完成 1 项扣 1 分	□熟练 □不熟练	□熟练 □不熟练	□合格 □不合格
总分：							

任务二　主动控制类 ADAS 的故障检修

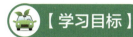

◎ 知识目标

1）掌握主动控制类 ADAS 中应用的毫米波雷达的结构和工作原理。
2）掌握 ACC 雷达校准设备的安装方法。
3）掌握 ACC 雷达的校准方法。

◎ 技能目标

1）具有正确安装 ACC 雷达校准设备的能力。
2）具有正确校准 ACC 雷达的能力。
3）具有诊断并排除主动控制类 ADAS 的常见故障的能力。

◎ 素养目标

1）培养学生良好的安全意识。
2）培养学生良好的团队合作意识。
3）能够制订工作流程，具备分析问题、解决问题的能力。
4）能在工作结束后按照 7S 管理规定整理，养成良好的工作习惯。
5）在校准 ACC 雷达时，能按照规范流程仔细操作，认真检查，以培养学生精益求精的工作态度和质量意识。

某 4S 店服务顾问接待了一位客户，客户反映自己车辆的 ACC 系统无法工作，产生严重报警信息，车辆存在安全隐患。经过诊断设备测试，其根本原因是 ACC 雷达存在故障，技师在诊断出故障后需要对 ACC 雷达进行校准。

主动控制类 ADAS 通过雷达、视觉等环境感知传感器实时检测行车环境信息，在必要时会主动介入车辆的横纵向运动控制，防止发生危险或减轻事故伤害。本任务中主要介绍在主动控制类 ADAS 中应用较广泛的毫米波雷达。

一、认识毫米波雷达

1. 毫米波雷达的概念

毫米波雷达指工作在 30~300GHz 频域的雷达。毫米波雷达具有全天候、全天时等特性，能够同时识别多个小目标，可以穿透雾、烟、灰尘等环节，精准测量目标的相对距离和相对速度，被广泛应用于自动驾驶汽车车间距离探测。

2. 毫米波雷达的特点

（1）探测距离远　毫米波雷达探测距离远，最远可达 250m 左右。

（2）响应速度快　毫米波的传播速度与光速一样，并且其调制简单，配合高速信号处理系统，可以快速地测量出目标的角度、距离、速度等信息。

（3）适应能力强　毫米波具有很强的穿透能力，在雨、雪、大雾等恶劣天气依然可以正常工作，而且不受颜色与温度的影响。

（4）毫米波雷达的缺点　覆盖区域呈扇形，有盲点区域；无法识别道路标线、交通标志和交通信号灯。

3. 毫米波雷达的类型

目前，毫米波段有24GHz、60GHz、77GHz和120GHz，其中24GHz和77GHz用于汽车。

24GHz主要用于5~70m的中、短程检测，主要用于盲区监测系统（BLIS）、车道偏离预警系统（LDWS）、车道保持辅助系统（LKAS）、自动泊车辅助系统（APA）等；77GHz主要用于100~250m的中、远程检测，如自适应巡航控制系统（ACC）、前向碰撞预警系统（FCWS）、自动紧急制动系统（AEB）等。

（1）24GHz频段　处在该频段上的雷达的检测距离有限，因此常用于检测近处的障碍物（车辆）。在自动驾驶系统中常用于感知车辆近处的障碍物，为换道决策提供信息，在ADAS中可用于盲点检测、变道辅助等。

（2）77GHz频段　性能良好的77GHz雷达的最大检测距离可以达到160m以上，因此常被安装在前保险杠上，正对汽车的行驶方向。长距离雷达能够用于实现紧急制动、自适应巡航等ADAS功能，同时也能满足自动驾驶领域对障碍物距离、速度和角度的测量需求。

77GHz毫米波雷达主要优点有：

1）探测距离远。带宽越大，天线越小，功率越集中，探测距离越远。

2）独特的频段。为了减少对电信号与射电天文信号的干扰，欧盟限制了仅用于短程雷达的24GHz车载毫米波雷达的传输功率，而77GHz则相对独特。

3）毫米波元件的尺寸比微波小得多，更容易实现小型化。

4. 毫米波雷达系统的组成

毫米波雷达系统主要包括外壳、天线、信号处理器、发射机和接收机等，如图4-30所示。

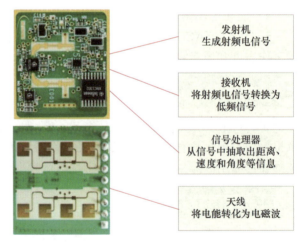

图4-30　毫米波雷达系统的组成

二、毫米波雷达的工作原理

毫米波雷达是利用多普勒效应进行障碍物的探测，它通过发射源（天线）向目标发射毫米波信号，并分析发射信号频率和反射信号频率之间的差值，精确测量出目标相对于雷达的距离、运动速度和方位角等信息。

1. 测距原理

雷达调频器通过天线发射毫米波信号，发射信号遇到目标后，经目标的反射会产生回波信号，发射信号与回波信号相比形状相同，时间上存在差值。以雷达发射三角波信号为例，发射信号与返回的回波信号对比如图4-31所示。

发射信号与回波信号间的频率差值直接取决于和目标之间的距离。距离越大，则信号的往返时间越长，发射频率与接收频率间的差值越大，如图 4-32 所示。

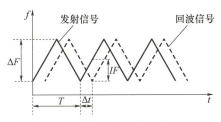

图 4-31　发射信号与回波信号对比图

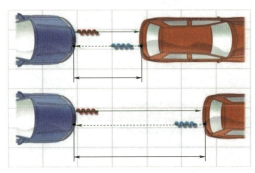

图 4-32　毫米波雷达测距示意图

2. 测速原理

毫米波雷达的测速原理是利用电磁波在空间传播遇到运动目标时产生多普勒效应来进行的。

3. 测量方位角原理

关于被监测目标的方位角测量问题，毫米波雷达的探测原理如图 4-33 所示，通过毫米波雷达的发射天线 TX 发射出毫米波后，遇到被监测物体反射回来，通过毫米波雷达并列的接收天线 RX1、RX2，收到同一监测目标反射回来的毫米波的相位差，就可以计算出被监测目标的方位角。

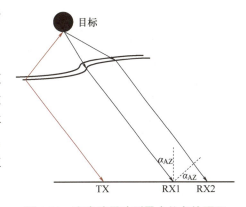

图 4-33　毫米波雷达测量方位角的原理

【视野拓展】

2023 年 11 月 17 日，工业和信息化部、公安部、住房和城乡建设部、交通运输部联合发布了《关于开展智能网联汽车准入和上路通行试点工作的通知》。

开展智能网联汽车准入和上路通行试点，一是加快智能网联汽车产品推广应用的客观需要。智能网联汽车是汽车产业发展的战略方向，我国高度重视智能网联汽车技术创新和推广应用，持续加强技术攻关和基础设施建设，健全政策法规和标准体系，组织开展道路测试和示范应用，完善产业发展环境，提升产品性能水平。截至 2023 年 8 月，全国累计开放测试道路超过 2 万 km，一批搭载自动驾驶功能的智能网联汽车产品开展大量研发测试验证，部分产品已具备一定的量产应用条件。在前期开展道路测试与示范应用工作基础上，组织开展智能网联汽车准入和上路通行试点，推动量产车型产品上路通行和推广应用，有利于加快提升智能网联汽车产品技术水平，有效促进产业生态迭代优化，加速智能网联汽车产业化进程。

二是保障智能网联汽车产品安全运行的必然要求。智能网联汽车系统复杂、应用场景复杂，需要实现人、车、路、云等多要素的融合交互，具有地域性和交互性发展特征，相关功能还处于快速发展、不断迭代的阶段，同时也面临网络安全、数据安全等风险挑战。部分国家和地区已采取例外豁免、个案处理等方式对智能网联汽车产品实施附带限制性条件准入，并持续探索创新安全监管方式。充分吸收借鉴国际实践经验，通过遴选具备条件的产品开展试点，在引导企业提升技术水平、完善产品安全验证的同时，有利于加速形成系统完备、务实高效的法律法规、管理政策和标准体系，保障人民群众生命财产安全、公共安全和交通安全，为智能网联汽车规模化推广应用奠定坚实基础。

三是推动产业融合发展、提升社会效率的重要途径。智能网联汽车是智能交通、智慧城市的基本单元之一,是联结能源、交通和信息通信基础设施的关键节点,是推动"车能路云"融合发展的重要环节。通过开展准入和上路通行试点,加快智能网联汽车产品的量产应用,带动相关基础设施建设,探索实践自动驾驶、车路协同、共享出行等商业模式,有助于提升社会交通安全水平和交通通行效率,推动汽车与新能源、人工智能、信息通信等产业融合,促进经济社会绿色发展,不断满足人民日益增长的美好生活需要。

【学习任务单】

主动控制类ADAS的故障检修	学习任务单	班级:
		姓名:

1. 毫米波雷达的优点包括_____、_____、_____。
2. 24GHz频段的毫米波雷达在自动驾驶系统中常用于感知车辆_____。
3. 77GHz频段的毫米波雷达能满足自动驾驶领域对障碍物_____、_____和_____的测量需求。
4. 毫米波雷达系统主要包括_____、_____、_____、_____和_____等。
5. 请查阅资料列举毫米波雷达在智能网联汽车ADAS中的应用。

ADAS名称	雷达安装位置	功能应用

项目四 高级驾驶辅助系统(ADAS)的认知及故障检修

【任务实施】 ACC 雷达的校准

◎ 实训器材

装有 ACC 自适应巡航控制系统的智能汽车、ACC 雷达校准设备、诊断仪、常用工具和维修手册等。

◎ 作业准备

车辆在工位停放规范;熟悉 ACC 雷达的安装位置;铺好车内和车外护套。

◎ 操作步骤

一、ACC 雷达校准条件

以下 3 种情况需要做 ACC 雷达的校准。
1)更换完 ACC 雷达总成后需要做 ACC 雷达的校准。
2)当对 ACC 雷达进行断电操作后需要做 ACC 雷达的校准。
3)当用诊断仪读取故障码,发现存在 ACC 校准的故障码时需要做 ACC 雷达的校准。

二、ACC 雷达校准的准备工作

操作示意图	操作方法	操作标准
	固定导轨,并进行水平调整	进行水平调整时,需使激光发射器的光束穿过角铁的漏空处,以保证导轨处于水平位置
	停放车辆并目视检查	拉紧驻车制动,车辆距离导轨 80cm,车辆处于水平位置 目视检查 ACC 雷达及支架是否完好,应无任何受损、变形

201

（续）

操作示意图	操作方法	操作标准
	检查前后轮胎压力	标准胎压见车辆胎压标签，如气压不合格，需进行充放气

三、ACC 雷达校准设备的安装

操作示意图	操作方法	操作标准
	安装激光发射器固定支架	将激光发射器的固定支架插入轮毂的孔中，推入磁力座
	安装激光反射器	旋松旋钮，将激光反射器插入支架孔中，旋紧旋钮固定激光反射器
	安装分瓣光圈	放置分瓣光圈，使分瓣光圈对准轮毂的中心位置

（续）

操作示意图	操作方法	操作标准
	将反光镜总成安装在导轨上	安装反光镜总成时需正对分瓣光圈和激光发射器

四、ACC 雷达的校准过程

操作示意图	操作方法	操作标准
	打开激光反射器开关	—
	调整激光反射器角度	使光束通过分瓣光圈，直射到反光镜上

（续）

操作示意图	操作方法	操作标准
	调整反光镜总成支座的水平度	水平仪气泡处于中心点位置
	调整反光镜总成镜面的水平度和垂直度	使反光镜上的光束重新发射回激光发射器的中心黑点上
步骤 后视镜垂直调节 在后视镜上部刻度盘上读取设置值(精度0.1mm)并输入，以mm为单位输入 12.5	输入水平和垂直面数值 应用程序会算出两侧水平和垂直面的平均值，记录该数值	将水平和垂直面数值输入到诊断软件 车辆左侧调整完毕后，按同样的方法进行车辆右侧调整
水平面调整 垂直面调整	将反光镜总成移到ACC雷达的正面处，调整水平面和垂直面 在诊断软件中进行雷达调校程序试运行，试运行完成后，重新进行快速测试	按综合业务技术应用程序给出的数据进行调整 ACC雷达在调校后应无故障码存在

项目四 高级驾驶辅助系统（ADAS）的认知及故障检修

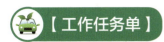【工作任务单】

ACC 雷达的校准		工作任务单	班级：
			姓名：

1. 记录车辆信息				
品牌		整车型号		
生产年月		行驶里程		
车辆识别代码				

2. 作业场地准备	
检查设置隔离栏	□是　□否
检查设置安全警示牌	□是　□否
检查灭火器压力、有效期	□是　□否
安装车轮挡块	□是　□否

3. ACC 雷达校准的准备工作
工作过程

4. ACC 系统故障码的读取
故障码

5. ACC 雷达校准设备的安装
工作过程

6. ACC 雷达的校准
校准过程

7. 竣工检验	
ACC 雷达是否正常工作	□是　□否

8. 作业场地恢复	
拆卸车内三件套	□是　□否
拆卸翼子板布	□是　□否
将警示牌等放至原位置	□是　□否
清洁、整理场地	□是　□否

【任务评价】

ACC 雷达的校准			实习日期：			
姓名：		班级：		学号：		教师签名：
自评：□熟练 □不熟练		互评：□熟练 □不熟练		师评：□合格 □不合格		
日期：		日期：		日期：		

ACC 雷达的校准【评分细则】						
序号	评分项	得分条件	分值	评分要求	自评	互评	师评
1	安全 /7S/ 态度	□1. 能进行工位 7S 操作 □2. 能进行设备和工具安全检查 □3. 能进行车辆安全防护操作 □4. 能进行工具清洁、校准、存放操作 □5. 能进行三不落地操作	15	未完成1项扣3分	□熟练 □不熟练	□熟练 □不熟练	□合格 □不合格
2	专业技能能力	□1. 能规范做好 ACC 雷达校准的准备工作 □2. 能正确读取 ACC 系统故障码 □3. 能正确进行 ACC 雷达校准设备的安装 □4. 能正确进行 ACC 雷达的校准	50	未完成1项扣13分，扣分不得超过50分	□熟练 □不熟练	□熟练 □不熟练	□合格 □不合格
3	工具及设备的使用能力	□1. 能正确使用校准设备 □2. 能正确使用测量工具 □3. 能正确使用应用程序	10	未完成1项扣4分，扣分不得超过10分	□熟练 □不熟练	□熟练 □不熟练	□合格 □不合格
4	资料、信息查询能力	□1. 能正确查询 ACC 线束端子含义 □2. 能正确使用维修手册查询资料 □3. 能正确记录查询资料章节及页码 □4. 能正确记录所需维修信息	10	未完成1项扣3分，扣分不得超过10分	□熟练 □不熟练	□熟练 □不熟练	□合格 □不合格
5	数据判断和分析能力	□1. 能判断轮胎胎压是否正常 □2. 能判断反光镜镜面水平面数值是否正常 □3. 能判断反光镜镜面垂直面数值是否正常 □4. 能判断 ACC 雷达校准数据是否正常	10	未完成1项扣3分，扣分不得超过10分	□熟练 □不熟练	□熟练 □不熟练	□合格 □不合格
6	表单填写及报告撰写能力	□1. 字迹清晰 □2. 语句通顺 □3. 无错别字 □4. 无涂改 □5. 无抄袭	5	未完成1项扣1分	□熟练 □不熟练	□熟练 □不熟练	□合格 □不合格
总分：							

参考文献

[1] 弋国鹏,魏建平.电动汽车控制系统及检修[M].北京:机械工业出版社,2020.
[2] 刘春晖,刘光晓.汽车车载网络技术详解[M].3版.北京:机械工业出版社,2019.
[3] 付百学.汽车车载网络技术[M].2版.北京:机械工业出版社,2019.
[4] 宛东,谭克诚.汽车车身电气系统诊断与维修[M].北京:机械工业出版社,2020.
[5] 刘鸿健.汽车单片机与车载网络技术[M].2版.北京:化学工业出版社,2016.
[6] 程增木,康杰.智能网联汽车技术概论[M].北京:机械工业出版社,2021.
[7] 陈宁,邹德伟.智能网联汽车环境感知技术[M].北京:机械工业出版社,2021.
[8] 李妙然,邹德伟.智能网联汽车技术概论[M].北京:机械工业出版社,2019.
[9] 孙慧芝,张潇月.智能网联汽车概论[M].北京:机械工业出版社,2020.
[10] 宋传增.智能网联汽车技术概论[M].北京:机械工业出版社,2020.